U0112602

ブラックスワンの経営学
通説をくつがえした世界最優秀ケーススタディ

复盘的
技术

[日]

いのうえ たつひこ
井上达彦

著

王广涛　宋晓煜 译

中国友谊出版公司

目　录

序　言

当"不可能"发生的事件在眼前发生，人们往往会惊慌失措、手忙脚乱；等到事后得知事件的背景和起因时，又懊悔不知道居然还会有那种事情发生。人们会遗憾地想："如果早就知道的话，应该能应对得更好吧。"

豪华邮轮"泰坦尼克号"沉没，正可谓当时"不可能"发生的事件中的代表。这艘全长约 270 米的邮轮，船底为双层结构，船底下层的水密舱有 16 个之多，因此被称作"不沉船"。如果预先考虑到船有可能沉没，那么救生船的数量想必会增多，也就会有更多人获救。

关于"泰坦尼克号"沉没的原因，事后有人头头是道地做了解释。然而，无人了解真实情况。我们所能确定的是，只要是船，就绝对"有可能"沉没。

文艺评论家纳西姆·尼古拉斯·塔勒布（Nassim Nicholas Taleb）把"不可能"发生的事件比喻为"黑天鹅"。欧洲人在抵达澳大利亚发现黑天鹅之前，一直认为天鹅都是白色的，黑天鹅是"不可能"存在的。

当自以为绝不可能发生的事真的发生了的时候，我们会在心里惊呼："怎么可能？"可是冷静下来仔细想想，事件发生

1

的可能性还是很大的。而随着我们认识到事件的可能性，我们的学习效果也就得到了提升。

我也曾惊呼过"不可能"。1995年1月17日清晨5点46分，阪神大地震发生时，我就这样惊呼过。因为在那之前，我一直以为日本关西地区不可能发生地震。

室外光芒闪过，地下仿佛突然发生了一场爆炸，然后地面开始剧烈地上下震动。我当时根本没想到是地震，还以为是核弹之类的爆炸声。关西的这场地震超出了我的想象。

虽然我曾在地理课上学习过大地震的产生原理。太平洋板块受到挤压而发生俯冲，受其反作用力的影响地面上下震动。但我经历的地震都是先横向晃动，然后逐渐加剧，接着就会平息下来，而不是像爆炸一样纵向晃动。

事后人们才知道，原来日本到处都是活断层，当活断层相互错动时，就会引发这种直下型地震。尽管研究地震的相关学者了解这一事实，并曾标示过活断层的危险度，但在当时，大多数普通人都不知道直下型地震。

从专家们评论阪神大地震的语气中可以看出，他们似乎早已意识到地震发生的可能性。听了他们的评论，我不禁想："如果早就知道的话，想必许多人都能免于一难。"

和阪神大地震一样，不论是"3·11"东日本大地震，还是"9·11"恐怖袭击事件，都出人意料，令人难以置信，然而这些事件真的就这样发生了。正因如此，塔勒布才敲响警钟，呼吁大家应时刻意识到"黑天鹅"的存在。

部分"黑天鹅"的产生单纯基于"不确定性"与"随机性",因此无法预测。所以,提醒自己一切皆"有可能",须做好万全准备。

不过,世界上还有一些"黑天鹅"是源于人类的无知。有时候,我们认为的"不可能",是由于我们"不知道"。例如,有些知识在当时尚未完全为人所知,又或者有些知识虽然已经为人所知,但是并没有广为人知。

比如说,以前学校体育社团都认为运动过程中饮水会令人感到更加疲乏,因此应避免胡乱摄取水分。想必有不少人曾被严厉地告诫:"不要喝水!"然而,渐渐地,专业选手往嘴里灌运动饮料的景象出现在人们的视野里。对于不了解情况的外行来说,这就是"黑天鹅"。后来人们才知晓,原来同时摄取盐分和水分能够预防中暑。在这个知识广为人知之前,又有多少人曾因此而中暑死亡?

学术研究者的使命是发现"黑天鹅"。其一,发掘"不可能"中的可能性,去探索是否有超出专家认知的"黑天鹅"。其二,有些知识尽管已经为专家所知,却仍被普通人认为"不可能",专家应积极地向普通民众普及这些知识。

管理学的启示

现在我们换个话题,大家是否知道,管理学界也有个"奥斯卡奖"呢?说起社会各界的重要奖项,电影界的"奥斯卡

奖 ①"（Academy Award）无人不知、无人不晓。音乐界有个"格莱美奖"（Grammy Awards），想必大家也有所耳闻。"金球奖"（Golden Globe Awards）则是电视界非常有名的奖项，有的电视剧迷专挑金球奖的获奖作品观看。

不过，了解管理学界"奥斯卡奖"的人恐怕仅仅局限于专业人士。荣获该奖项的作品包含了不少出人意料的知识，但都尚未被普通大众所熟知。

本书将从管理学界的"奥斯卡奖"获奖作品中，专门选取出人意料的知识进行介绍。受篇幅所限，本书只能介绍其中一部分论文，重点关注那些连专家都大呼不可思议的研究成果。

美国管理学会（Academy of Management，简称 AOM）是世界管理学界最具权威的一个学会。截至 2014 年 6 月，该学会有 18600 名会员。它出版的《美国管理学会学报》（*Academy of Management Journal*，简称 AMJ）也是管理学界的顶级期刊之一，每年刊载的论文数虽然有所浮动，但是大致为 60 篇左右。而每年向该期刊投稿的论文有上千篇，可见在这一期刊上发表论文难度有多大。

每年精选的 60 篇论文中，还会评选出最优秀论文奖（Best Article Award）。获得最优秀论文奖的作品可以说是千里挑一。

与电影、音乐、电视剧相同，学术研究也同样富有内涵，需要研究者耗费心血才能创作出优秀的作品。因此，获得最优秀论文奖的作品一定程度上可以称为划时代的研究成果。在这

---

① 即 Oscars，别名"美国电影艺术与科学学院奖"。——编注

一点上，这些论文也与电影、音乐、电视剧的获奖作品没有什么不同。

例如，有一篇曾被提名为最优秀论文奖候选的论文，题目为《超人对决神奇四侠》。[①]该论文试图把超人和神奇四侠进行对比，论证到底是一个超人式的创作者比较优秀，还是由拥有不同特技的创作者组成的团队更为优秀。论证结果显示，如果以"双方都具有创作各种作品的经验"为前提，那么超人式的创作者更胜一筹。尽管神奇四侠是个非常优秀的团队，但是在统合各种知识的能力方面，与单人作战的超人相比仍有所欠缺。

不仅如此，在学术世界中，有些内容能够激发人们的求知欲，有些内容则有利于实践应用。而"寻找黑天鹅"的研究能够开拓学术研究前沿，有着重要的价值。笔者希望企业家以及承载未来希望的年轻人能够对这些知识有所了解。

本书尽量避免使用太过专业的术语，力求用通俗易懂的语句向企业家乃至普通人介绍学术作品。希望读者能够体验管理学界"奥斯卡奖"获奖作品的独特魅力。

本书所列举的研究成果都是当之无愧的优秀作品，题材与内容都值得广泛注意。论文题材涵盖组织变革、新业务开拓、人才招聘、新技术普及，以及企业并购等管理学必不可缺的

---

① Taylor, A., & Henrich R. G., 2006. Superman or the Fantastic Four? Knowledge combination and experience in innovative teams. *Academy of Management Journal*，49(4): 723–740.

课题。涉及的研究对象包括教会、报社、电影制作公司、医疗机构、风险企业等。有的论文提出了与普遍论调截然不同的见解，有的论文把彼此对立的见解进行了统合，还有的论文发现了令人意外的真相，或是探明了不可思议的现象的产生原理。即使是普通读者，在读后想必也会恍然大悟，感叹"原来如此"，或是获得新的启示，提醒自己该怎样去做，该注意什么。

发现世界真相的方法

笔者不仅希望读者能够愉快地体验研究内容的有趣之处，也希望读者能学习到有益于日常实务的研究方法。因此，本书在选取获奖作品时，集中选择"案例研究"（case study）类论文。与需要罗列公式进行复杂阐释的研究不同，只需了解案例研究的研究方法，读者就可以将其应用于今后的实践过程。

管理学研究主要使用如下两个方法。其一为本书所介绍的案例研究，其二为统计学研究。主流方法是利用统计学开展的"假说检验型研究"，如今该研究方法已经是管理学领域的一大潮流。

比如检验所谓的"快乐工作模式"，即如果从业人员的满意度较高，公司业绩也会提高。若是使用统计学的研究方法，应该开展问卷调查。对各企业各部门的从业人员开展满意度调查，同时通过某种形式将各部门的业绩量化。然后观察满意度高的部门，检验其业绩指标是否也高。虽然满意度调查问卷能否调查出员工的幸福度是个问题，但通过统计学调查推导出普遍成立的法则是值得肯定的，学界也公认其为一种捷径。

与此相反，案例研究是对某个特定的企业、组织、个人、产品等展开研究。即使同样调查"快乐工作模式"，案例研究不会去大量搜集数据，而是关注少数的案例。例如，在业绩持续上升的丽思卡尔顿酒店，为何员工能够如此积极地工作？在经营有方的迪士尼乐园，调动演员积极性对团队演出会产生怎样的影响？案例研究分析的就是诸如此类的个别案例，并试图从中获得启发。

但是，尽管案例研究能明确证明某些个别的案例，我们却不能将研究成果简单地推演到其他案例当中。因为案例发生在特定的时间、场所、状况下，同样的结果不见得每次都会发生。社会科学研究的立足点在于探求普遍成立的法则，我们不得不承认，案例研究在这一方面确实具有局限性。

然而，案例研究也具备统计学研究所没有的绝佳能力。即使只是专注于一项案例，案例研究也包含如下三种能力：

- 活跃人类智能的能力（案例研究更适于思考力和观察力发挥作用）。
- 应对复杂局面的能力（解读因果关系的能力）。
- 形成"类比基础"，开拓未来的能力（即使前例很少，也能推导出有效的假设）。

案例研究的这些优点在打破一般论调、类比未来案例方面能够起到重要作用。如果说统计学适合用来研究作为整体的白天鹅，那么与之形成对比的案例研究则适合于找出"黑天鹅"。

事实上，或许是因为案例研究具有如上特性，管理学界的几个主要学会都有不少案例研究型论文获得了最优秀论文奖。

在这里，笔者要讲述一个令人惊讶的事实。如前文所述，管理学界的主流研究一直以来都以统计学为基础，许多使用统计学研究的论文被刊载在学术期刊上。即使这些论文所要检验的假说并不重要，引发的启示也无法给人留下深刻记忆，但只要证明了假说，就有可能被学术期刊采用。在这一点上，统计研究型论文很有优势，在学术期刊上的刊载比例约占所有论文的 90%。

换言之，案例研究型论文的刊载比例小于 10%。从数量上来说，案例研究型论文的存在感非常低。

另一方面，当我们查看获得最优秀论文奖的论文时，会发现案例研究的存在感突然变得强大起来。以最近趋势为例，在 AMJ 的获奖论文当中，案例研究型论文约占 50%（2000年至 2013 年）。管理学界的权威学术期刊《管理科学季刊》（*Administrative Science Quarterly*，简称 ASQ）以刊载后 5 年内的影响力为依据，评选出最优秀论文奖，其中案例研究型论文约占获奖论文总数的 70%（2000 年至今）。

为何众多案例研究型论文被选为最优秀论文呢？我们来看一下 AOM 的基本评选标准（2002 年至 2009 年）。

- 论文提出的研究课题有多重要?
- 论文所揭示的理论能多大程度加深人们对组织的理解?
- 是否采用了严谨的研究方法,并且针对研究课题明确提出了强有力的答案?
- 该论文对未来的管理学研究将产生多大程度的影响?

以上标准有个共同点,即强调论文研究带给读者的冲击。

换言之,大多数情况下,案例研究能够提出颠覆学术界常识的课题,发表出人意料的见解。我们甚至可以略为夸张地断定,案例研究在发现"不可能"事件方面具有重要贡献。也就是说,案例研究这一方法适用于寻找"黑天鹅"。

仔细想想,人类常常会遇到"不可能"的事情,并且注定要面对这些"不可能"。比如,"3·11"东日本大地震之后紧接着发生的核泄漏事故,想必当时大家都觉得难以置信。尽管如此,对"不可能"事件的事后分析往往给人以该事件事先就已经被预料到了的错觉。而且由于专家解释得特别清楚,人们误以为类似的事件在下次发生时可以预测。

然后,错觉引发了又一个难以置信的事件。就算我们在制定地震预案时做了周全的考虑,意料之外的事件还是可能发生。并且我们越能详尽地解释事件,就越会觉得新"预想"已经相当完备,但实际上这一预想很可能靠不住。因此,塔勒布对于此类事后诸葛亮式的解释持怀疑态度。他提醒人们警惕这种自圆其说的事后解释。因为就算告知人们有"黑天鹅",或许下次又会出现"蓝天鹅"或者"红天鹅"。

正因为如此，除了尽快找到颜色令人难以置信的天鹅，我们别无他法。就算总是遇到难以预期的不确定性，我们仍应尽全力找出我们认为"难以置信"的现象以及"难以置信"的假说。这不正是所谓的科学进步吗？

事实上，持这种态度做出的研究成果往往会受到赞誉。2006 年以 AMJ 编辑委员为对象的问卷调查的结果显示，编辑委员所列举的"最具影响力"的研究就是此类案例研究。

因此，本书打算选取一些获奖或获得学界好评的案例研究，将其内容及方法介绍给读者。

优秀影片的优秀之处不仅在于故事本身很有趣，这些电影的制作手法往往也相当精妙。同理，获奖论文的诞生同样需要极为有趣的调查手法来推动。因此，我希望读者不仅要关注研究的内容，还要把视线转向研究的方法，仔细品味，力图把这些研究方法应用于未来的实践中。尤其是那些推导并检验新假设的方法，非常值得我们去学习和借鉴。

案例研究绝不仅限于专业人士郑重其事的学术研究，在日常生活中，人们也会产生一些类似的案例研究。可以说，获奖论文的研究方法不仅可以应用于调查研究，还可以应用于实践及日常生活。笔者认为，通过理解这类学术研究的精华，人们可以提高在工作和生活中的洞察能力。

第 1 章

用案例研究还原事件的真相

当你得知自己所乘坐的飞机即将坠毁，你会给谁留下怎样的信息？

我很喜欢一部名叫《真爱至上》（*Love Actually*）的电影。这是一部获得英国电影学院奖的优秀作品。影片开头，为了证明"这个世界充满爱"，有段画外音提及了震惊世界的"9·11"恐怖袭击事件。

飞机撞向世贸大楼的那一刻，乘客拨出的电话不是因为仇恨或报复，他们发出的是爱的信息。

当一个人得知自己不久于人世，他会恍然发觉自己还有许多话想要对某些人说。实际上，陷入仇恨与欲望的人少之又少，但大多数人乍一听闻所有都是"爱的信息"时会有点吃惊，转念一想，这又在情理之中。

虽然这仅仅是个案，但是应用在其他诸多案例中都极具说服力。假设在另一种情形中有另一群人，或是另一种表现方式，人们必然还是会留下充满爱的信息。

这个案例已经很清楚了。这段画外音虽然只有短短两行，却充分传递了所有坠机乘客的心情。它淋漓尽致地凸显了古今东西人类的本性，在这一点上它和神话、童话等故事的效果一样；不同的是，这是一个真实的案例。

有人说，小说家用谎言道出真相，政客用谎言掩盖真相。确实，不论是有趣的小说，还是优秀的讲演，都靠说服力来吸引人们的注意。但它们都比不上那些真实存在过的案例。因为案例用真实讲述真相。

什么是案例

所谓案例，是指"某个特定的历史环境中个体或集体遭遇的事件"。或许这个定义太过抽象，我们很难在脑海中勾勒出它的具体形象。比如说，"9·11"恐怖袭击事件就是一个案例。如果把这个案例细化，那么撞向世界贸易中心的飞机与坠落在宾夕法尼亚州的飞机又是两个单独的案例。飞机上人们的行为又可以作为一个个案例来进行分析。

案例研究的特征是重视案例的前后关系（即事件的脉络和状况）。所谓前后关系，是指围绕某个事件的具体状况。就前文所述的电话案例而言，打电话的前后关系是飞机被恐怖分子劫持，即将撞毁，人们临死前仅能留下只言片语。

同样是向电话彼端的家人表达感谢之情，日常生活中的"我爱你"和坠机前仅能留一句话时的"我爱你"有着极为不同的含义。案例研究正是要时刻留意这些不同，联系前后关系来进行理解和分析。

电影《真爱至上》为了展示"爱无处不在"（love actually is all around）这一命题，在开端介绍了"9·11"事件的案例。在展开剧情时，电影则讲述了几个或哀伤或温暖的关于"真爱"的故事。

在案例研究中，前后关系是理解案例不可缺少的背景知识。因此，我们有必要对此密切注意并展开分析。

飞机即将坠毁这一背景是极为重要的。人之将死，其言也善。临终遗言往往能传达出一个人的真实想法。在这一背景下的留言"我爱你们"，有力地证明了"爱"这个命题，因此不能仅仅把该案例当作一个简单的样本来看待。

在这一点上，案例研究与统计研究有着很大的差异。统计研究试图模糊事件的前后关系，相较于联系前后的因果脉络，它更倾向于不被前后关系左右，而力求找到普遍的法则。

然而，许多事物很难简单地用统计数据来表达，这也是案例研究的意义。

什么是案例研究

为什么说案例研究很重要呢？首先我要讲个架空的小故事。

某杂志社编辑部决定组织编辑"世纪末特辑"。主编问大家："有没有什么有趣的素材？"新人可能会回答："有的宗教团体预言地球会在玛雅历的世纪末灭亡。"主编要求："快去调查一下。"在调查过程中，他们发现了一个案例。有个宗教团体相信 2012 年 12 月 22 日地球会灭亡，至今该团体仍在秘密开展活动。

颇有意思的是，尽管该团体的预言并未成真，但信徒反而更加团结。明明地球没有灭亡，他们却更加积极地开展传教活动。

略微调查后，他们发现，除此以外，别的团体也有预言失灵后信徒的信念反而更强的现象。那位新人预感即使预言没有成真，信徒仍不肯动摇信仰的背后，似乎存在某种特别的因素，于是他向主编进行了汇报。

主编：似乎挺有意思的。还有别的团体是这种情形吗？

新人：如果去查查国外的团体，应该能发现同样的现象。但是能够调查到的团体有限，恐怕很难进行统计验证。

主编：那倒是（笑）。既然数据有限，那么我想知道，为什么预言失灵后信徒反而更加虔诚。只要弄明白原因，即使案例较少也没关系。

新人：好的，谢谢。我立刻去查。

由于"统计验证"很难实现，于是主编转变思维，决定用"案例研究"的手法做一篇报道。

在统计验证的过程中，收集样本非常重要。具体来说，收集样本时需要把整个分析对象按比例缩小。例如，在分析日本社会时，要注意男女比例约为 1:1，年龄结构则要反映出日本的少子高龄化现象。性别、年龄、家庭结构、学历、职业等方面都要与日本社会的平均水平相似。

倘若在收集样本时偏向一方，例如只调查了一群老实的年轻人，那么收集的数据必然与社会经验丰富的老年人群的数据大为不同。因此，必须随机（random）挑选样本，以使按比例缩小后的分析对象不存在偏差，同时必须充分收集数据进行统计计算（图 1-1）。

以组织及团体为对象开展调查时，我们都要按照这样的方法收集样本。如果要验证新兴宗教的普遍情况，需要将世界上所有新兴宗教按一定比例缩小成样本。调查预言并未成真的宗教团体，则需调查那些团体到底是怎样的宗教团体；领导者如何获得信徒的信赖；成员数量大约有多少；团体是排他性的还是开放性的。种种方面都需要不偏不倚。而且，即使只进行单纯的统计分析，至少也要收集大约 30 个宗教团体的数据。

倘若能实现这种理想的取样调查，那么采用统计研究当然是再好不过了。然而，若时间有限，或是收集到的样本数量达不到统计研究的要求，那就只能采取别的思路展开调查。

编辑部新人开始调查以后，转眼又过了几天。

新人：主编，我调查了一下发现，有的信徒即使亲眼见到

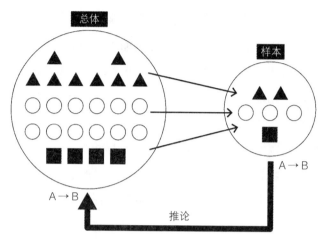

▲○■表示个体。比如说，假设总体的结构比例为▲（高龄者）:○（成年人）:■（未成年）=2:3:1，那么样本也必须按照相同比例组合而成。

图 1-1 统计推论的结构图

足以颠覆自己信念的事实，仍然毫不动摇，甚至变得更加虔诚。但要产生这种情况，至少需要满足两个条件。

主编： 哦？什么条件？

新人： 首先，信徒因为误信预言做了某些错事，难以回头。例如辞掉工作、变卖家财入教等。这类人很想相信"自己的决断是错误的"。其次，他身边的同伴一样相信自己的信念是正确的，来自同伴的认同加强了这一心理作用。满足了这些条件，信徒不但不会动摇信念，反而更加虔诚。

主编： 有意思。相同情况是不是也有可能发生在其他宗教团体？

新人：我不可能调查太多宗教团体，所以没法断言。

主编：既然调查不了太多宗教团体，那就查查满足这两个条件的宗教团体吧。这个案例是 2012 年的世界末日预言，还可以调查一下 20 世纪末，也就是 1999 年的世界末日预言。同样是世界末日预言，如果满足这两个条件的宗教团体都发生了同样的情况，那就可以确定了。这种思路和重复试验没什么不同。调查两三个案例就基本可以得出验证结果了。

在此需要读者注意的是，主编要求"调查两三个案例"。虽然主编要求增多研究对象，但他所谓的增多并不是为了实现统计推论。笔者将在第 3 章进行具体介绍，此处要强调的是，主编试图把一个个案例当作自然科学实验的研究对象进行处理，通过重复试验增强验证效果。

换句话说，主编要求新人去确认，在如下两个条件同时成立的情况下，即做了某些错事难以回头，有同伴同样认为他们的信念是正确的，其他案例中是否也出现了尽管预言并未成真，信徒反而更加热心于宗教团体活动的现象。

从逻辑学的角度来看，如果以上两个条件未能同时成立（比如，刚成为信徒没多久，还没犯下不可挽回的错误；又或者没有同伴持相同观念），信徒应该会退出宗教团体。若能从别的案例中发现这一情况，那就进一步增强了假说的准确性。

如果要调查什么东西能浮在水面，什么东西会沉到水底，我们可以假设：同时满足"大"和"轻"这两个条件的物体能漂浮在水面上。然后，使用重复试验确认满足两个条件的物体无论形状如何都会漂浮（水平展开法），即无论是正方体还是金字塔形的四角锥，只要又大又轻，都会"漂浮"（图1–2）。

除了水平展开法，重复试验还有别的方法，即逻辑确认法，证明当两个条件没能同时成立（或者两个条件都不成立）时，物体不会"漂浮"（也即"下沉"）。

该实验是为了验证"密度小于 1 则浮于水面"的原理。深入探索"物体为什么会漂浮"这一疑问，就会发现是因为有浮力，由此发现一项基本的物理原理。

案例研究与统计研究

关于统计推论与实验推论的不同之处，将在第 3 章进行具体介绍，不过读者想必已经能感受到二者在基本构想上的不同。

其实，统计研究与案例研究在手法上各有所长。统计研究的优势在于，它能确定该方法观察到的"差异"与"相关关系"被推广运用到何种程度，由此推论该方法的适用范围。例如，与深入参与宗教团体的人相比，刚加入宗教团体的人在预言失灵后脱离该团体的概率更高。若要调查是否存在这一相关关系，则需随机收集样本进行观察。如果在随机收集的样本中确认了这一相关关系，那么就可以说该假说普遍适用于该时代的人类。

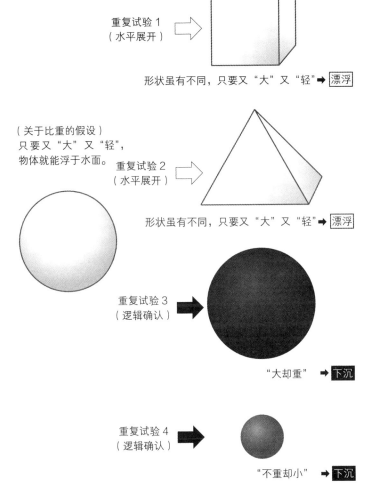

图 1-2　重复试验的逻辑结构图

尽管统计研究拥有这个优势，但它并不擅长解释事件背后的因果机制。统计研究无法解释为何只有深入参与宗教团体的人仍留在团体中。

当然，我们可以采用问卷调查的方法，设置一个问题：为什么仍然热心于传教活动？请在对应选项上画圈。可是，这种表层调查方式无法弄清连被调查者自己都没有意识到的机制。"为什么深入参与宗教团体的人仍留在团体中？"关于这个疑问，统计研究无法发掘真正的缘由。

表 1-1　统计研究与案例研究

	统计研究	案例研究
观察对象的选取方法	任意抽取	有目标地选择
观察对象的数量	需要许多观察对象	数量较少也没关系
因果机制	很难弄清	容易弄清
普遍化	容易普遍化	很难普遍化

案例研究则可以一边观察信徒的心情与态度等，一边追踪事件的经过，因此案例研究能够解释背后的因果机制。

由于统计研究与案例研究各有优势，所以管理学等领域普遍认为，统计研究与案例研究应该相互补充、灵活运用。一般而言，提出假说时需要采取案例研究，若要找出该假说能被推广运用到何种程度，那么就需要采用统计研究了。

然而在商业等实务领域，我们往往没有条件展开调查。受时间期限、调查费用等限制，有时不能采用统计研究方法进行大规模实地调查。

　　案例研究虽然普遍被认为只能应用于提出假说，但它也能起到类似验证假说的作用。第 3 章及其他章节列举的案例研究将说明这一点。

认知失调

　　虽然上文的杂志编辑部对话纯属虚构，但是世界各地确实曾反复出现过信徒在预言并未成真后非但不放弃信仰，反而更加虔诚的现象。

　　利昂·费斯廷格（Leon Festinger）的研究团队并不满足于查阅史料，为了开展案例研究，他们曾潜入真实存在的宗教团体，搜集相关的案例素材。具体内容请参见《当预言失灵》一书。[①]

　　他们潜入的这个宗教团体内部流传着 12 月 21 日暴发大洪水的预言。该团体认为会有一艘飞碟从外太空来解救他们。可是，12 月 21 日那天飞碟并未飞来，大洪水也没有暴发。尽管预言者声称"我们不知道计划的具体内容，但预言绝对没错"，信徒们的信仰还是发生了动摇。

　　据说，预言者自己也不小心流露出沮丧的神色。如果不做点什么，事态会变得不可收拾。最后关头，预言者声称自己收

[①]　Festinger, L., & Schachter, S. & Riecken, H. W., 2012. *When Prophecy Fails. Literary Licensing*, LLC.

到了神的指示。"由于信徒们的表现极为卓越，于是神把世界从毁灭的命运当中解救了出来。"听了预言者的解释，有的信徒最终还是离开了组织。但大多数信徒喜出望外，选择相信这一解释，甚至比起以前更加热衷于传教活动。

为什么会出现这种现象呢？为什么即使预言失灵，众多信徒非但不肯离开组织，反而更加虔诚呢？

因为如果信徒们知道预言是个弥天大谎，那么他们心理上的协调将被彻底打破。

我们可以用社会心理学中所谓的认知失调理论来解释。

请试着想象一下，那些因相信大洪水必将暴发而放弃工作学业、抛弃家产的人是怎样的心情？本该作为"被选中的人"得到天外飞碟的拯救，然而预言当天飞碟并未出现，他们是怎样的心情？越是为了预言做出不可挽回的事情的人，想必越不愿意面对"那是个弥天大谎"的现实。心理失调的钟声随时都可能响起，而他们正在努力避免钟声的响起。

正因为他们很想相信预言是正确的，所以他们宁愿歪曲自己对种种事物的认知，也要保持心理的协调。预言者在最后关头的那句解释恰恰给予了他们相信预言的契机。而且恰好当时有少年来访，信徒们把少年当作宇宙来客，执着地相信飞碟最终还是到来了。最后他们得出了一个结论，那就是因为他们极为虔诚，所以神拯救了世界。

越是为宗教团体做出巨大牺牲的人，越是想化解心中回荡的失调的声音。因为离开组织的人都是没怎么付出过的信徒，当预言失灵，这些人就立刻放弃了信念。

当然，即使曾经做出巨大牺牲，倘若只是单独一人试图歪曲自己的认知，那还是很难实现的。为组织付出巨大却没怎么和其他信徒接触的人无法化解心理上的矛盾，只会陷入混乱之中。因此还需要信徒相互交流，互相肯定彼此信念的正确性。

如果还觉得不够，他们会大张旗鼓地对媒体发声，向社会寻求理解和认可，甚至欢迎外来访客。当预言并未成真时，为了保持内心的平衡，那些秉持信者得救赎、自己是神选之人的宗教团体转而积极地开展传教活动，寻求社会的认可。

费斯廷格等人在潜入宗教团体开展案例研究后，将调查内容结集成书，于 1954 年出版发行。其后，他们对"认知失调理论"进行了系统说明。简而言之，当人们内心出现相互矛盾的认知时，为了摆脱矛盾所产生的心理压力，他们会改变自身的认知。认知失调就是这样一种机制。

该因果机制后来经由实验得到了验证，其理论地位也得到了确认。然而我们不该忘记，这个理论最初是通过精心的案例研究才得以浮出水面，继而引发研究者提出了因果关系的假说。

黑天鹅

只要稍微懂点心理学知识、学过认知失调理论，我们就会明白预言失灵后信徒反而更团结的现象没有什么值得惊奇的。

然而，在费斯廷格提出认知失调理论之前，即使是心理学研究者，也曾对这种现象感到不可思议。这类宗教团体本身就比较奇特，他们的信仰也与常识截然不同。在普通人看来，信徒变得更虔诚或多或少都是"不可思议"的。

此外，尽管一些专家已经阐明了认知失调理论，但是对于不知道该理论的人而言，这种现象也绝对是"不可思议"的。

例如，有的家庭有子女被邪教蛊惑，这些子女的父母会想："等他们发现地球没有灭亡，头脑自然就会清醒过来，回归家庭。"尽管预言并未成真，他们的子女却更加热心于邪教组织。这种情况实在令家长所料未及。

在本书中，"黑天鹅"指的就是那些对卷入事件的当事人以及相关专家而言"不可思议"的事件和存在。

有的"黑天鹅"是指大地震这类发生概率极低却有可能发生的事件。有的"黑天鹅"是指专家虽然了解其可能性，但普通人在事后才恍然大悟、明白其中道理的事件。由于普通人眼中的"黑天鹅"在专家眼中可能算不上"黑天鹅"，因此本书把"黑天鹅"定义为当事人眼中不可能、出乎意料、不可思议的事件。

案例研究的优势

尽管案例研究如今屡屡获奖、备受瞩目，然而在此之前，案例研究仿佛是神话中悲剧主人公般的存在。研究领域一度把案例研究当作"弱不禁风的小弟",将其贬低为二流的研究手法。研究者们认为它缺乏正确性、客观性和严密性。

不过,案例研究法的权威罗伯特·K.殷(Robert K. Yin)在其著作中曾提出如下疑问:

> 案例研究变得越来越普遍。这就意味着一个令人吃惊的悖论:倘若案例研究法真的存在重大缺陷,研究者为何继续采用这一研究方法呢?

针对殷的疑问,我个人的答案是:因为案例研究拥有其他研究方法所没有的解开真相的能力。

例如,上文中所介绍的预言失灵后信徒反而更加虔诚的现象,要弄清为什么会发生这么不可思议的事情,就需要理解信徒的心理。案例研究的优势就在于充分联系前后关系展开调查,这也正是案例研究有"能力"揭开真相的秘诀。

当然,要回答"怎样""为什么"等疑问,还可以使用其他研究方法,那就是实验方法和历史方法。如果能创造出实验室环境并掌控现象的发生,那么采用实验方法是再好不过了。然而假若无法掌控现象的发生,实验方法就无法发挥它的效力。例如,"9·11"恐怖袭击事件是无法通过实验再现的,因此实验方法无法对此进行检验。

另一方面,历史方法无须把握前后关系,但是该方法不能应用于当前的现象。历史方法将研究焦点聚集在过去的事件上，在不可能采访到当事人的前提下，该方法关注的是如何灵活应用历史资料。

如前文所述，统计学的实地调查不适用于解决"怎样""为什么"等疑问。不过，该方法能解开"是谁""是什么""在哪里"等问题，并能回答"什么程度"之类的数量问题。确实，在 UFO 事件中，要实地调查、甄别预言失灵后信徒仍继续热衷于传教活动的原因，还是比较困难的。首先我们不知道在问卷调查中能否提供合适的选项供信徒选择，就算提供了选项，他们恐怕也不会选择"为了保持内心平静"这一理由。而且，信徒本人未必察觉到自己有这样的心理倾向。

当我们从案例研究中提炼出假说，需要确认该假说能否普遍推广应用，我们需要统计研究的力量。反过来说，为了解释统计研究的结果，我们需要案例研究。

棉花糖实验

美国斯坦福大学曾经以 3 ~ 5 岁的幼儿为对象做了一个实验。他们在房间里放置了看上去特别美味的棉花糖，然后对孩子们说："如果能坚持 15 分钟再吃，就再给你一颗棉花糖。"接着大人们就离开了房间。

为了能再得到一颗棉花糖，有的孩子用手遮住眼睛，有的孩子转身面向墙壁，不看桌上的棉花糖，还有的孩子为了忘记棉花糖是食物这件事，故意把它当成玩具来玩。据说大约有 1/3 的孩子没能忍住，吃掉了棉花糖。

斯坦福大学在 12 年后展开了追踪调查。通过对比统一学力测试的成绩，他们发现，比起 1 分钟都坚持不了立刻把棉花糖吃掉的孩子，坚持了 15 分钟又得一颗棉花糖的孩子得分更高。于是，开展该实验的心理学家沃尔特·米歇尔（Walter Mischel）得出如下结论，自我控制力强的孩子更容易取得较高成就。[①]

不过，自我控制是由调查小组推断的结果，而不是经由统计研究得出的结果。统计调查只是展示了能否等 15 分钟与统一学力测试成绩的相关性，至于自我控制是如何发挥作用继而影响测试成绩的，统计研究没有对这一因果机制进行相关说明。米歇尔通过追踪这批调查对象，总结了其中的因果关系（参见第 7 章）。

为了解开因果关系，我们有必要对连接原因与结果的过程展开追踪。自我控制和其他哪些主要因素一起影响学习习惯，进而导致测试成绩的不同呢？我们必须先弄清因果之间的联系。

适合调查这类因果关系的研究方法是案例研究。案例研

---

① Mischel, W., Ebbesen, E. B., & Antonette R. Z., 1972. Cognitive and Attentional Mechanisms in Delay of Gratification. *Journal of Personality and Social Psychology* 21 (2): 204–218.

究与统计研究不同，它并不展示某变量与其他变量能共变到"何种程度"，而是告诉大家"何种原因"是"如何"产生影响的。

罗伯特·K.殷指出，当我们调查无法统一处理的现代现象时，案例研究能帮助我们探求"如何"或"为什么"等问题。正因如此，案例研究才能和统计研究等其他调查方法实现互补。

案例研究的 3 种能力

现在，我们来进一步感受案例研究的魅力吧。在序言中笔者曾说过，案例研究具有 3 种能力。

- 活跃人类智能的能力（案例研究更适于思考力和观察力发挥作用）。
- 应对复杂局面的能力（读解因果关系的能力）。
- 形成"类比基础"，开拓未来的能力（即使前例很少，也能推导出有效的假说）。

活跃人类智能的能力（案例研究更适于思考力和观察力发挥作用）

曾经有过一个关于人类学习的著名实验，要求实验对象依靠记忆力复盘国际象棋的棋盘。[①] 实验者分别给高级、中级、初学者 5 秒钟的时间来记忆棋子的排列。当他要求实验对象复盘下了一半的棋局时，高级棋手看两三遍就能复盘，中级棋手看三四遍就能复盘，而初学者即使看 7 遍也无法完全复盘。

据说，人类短时间一般只能记忆 7（7±2）组东西。不论是高级棋手还是初学者，记忆力基本一致。尽管如此，当实验者要求他们复盘下了一半的棋局时，高级棋手的复盘率更高，因为高级棋手经验丰富，记住了大量的基本下棋套路。

正是由于记住了基本的下棋套路，他们无须在多余的地方使用大脑。如此一来，他们就能将有限的认知能力集中应用于关键部分。推而论之，运动选手会瞬间判断自己身处的境况并采取最合适的行动。医生同样也会如此。

这个实验要求实验对象复盘棋局，其实棋局同时也代表着这盘棋的状况和脉络。呈现在我们眼前的棋局昭示着从过去到现在的种种演变和状态。这就是所谓的前后关系。

因为有前后关系，所以才容易记忆。正是由于前后关系的影响，观察力才会提高，对事物的理解才会加深。人类擅长的是沿着前后关系来思考问题，而非如电脑一般机械地演算和

---

① Chase，W. G.，& Simon，H. A.，1973. Perception in chess. *Cognitive Psychology*，4：55–81；Gobet，F.，& Simon，H. A.，1996. Recall of rapidly presented random chess positions is a function of skill. *Psychonomic Bulletin & Review*，3：159–163.

记忆。

笔者认为，人类的智能需要联系前后关系才能发挥作用。案例研究的第一种能力就是更适于思考力和观察力发挥作用，能够活跃人类的智能。

正因如此，包含前后关系的"案例"拥有着活跃人类智能的能力。越是经验丰富的行家，越能从案例中读取丰富的内容，直观地把握问题。由此，他们的智能被激发，思考更深入。

不过，经验本身并非总能起到积极作用。其实，关于棋盘复盘的实验还有后话。实验者要求实验对象复盘一局现实中不可能出现的、乱七八糟的棋局。高级棋手、中级棋手和初学者分别尝试了复盘，没想到高级棋手的复盘率甚至连初学者都比不上。出现不同实验结果的原因在于棋局太过脱离现实。也就是说，越是经验丰富的棋手，当他看到棋盘上出现奇奇怪怪的排列方式时，反而越会感到混乱。

商业领域同样如此。置身于未知状况中，人们可能会依赖过去的经验和规则而发生误判，犯下错误。

因此，企业设想向海外发展或参与不熟悉的领域时，不能过分依赖以往的经验，应该仔细看清前后关系的不同之处，重新解读前后关系。企业既不能忽略前后关系的不同，又不能一味关注背景，应充分做到直面事态发展，联系前后关系进行理解。发挥这种人类独特的理解力可以说是案例研究的一大特征。

应对复杂局面的能力（读解因果关系的能力）

案例研究的第二个能力是通过读解因果关系来应对复杂局面的能力。当我们需要从数据较少的现象（例如"9·11"恐怖袭击事件或"3·11"东日本大地震等）中学习经验教训，思考和管理预防措施及事后应对措施的风险时，案例研究可以发挥很大作用。

在上文所介绍的有关宗教团体的研究中，案例研究就发挥了重要作用。研究者在追踪预言形成的过程时发现：①预言形成；②预言失灵；③教徒不安；④教徒为了使自己的行为正当化而歪曲自己的认知。这四个现象总是重复出现。有趣的是，该宗教团体的预言曾屡次失灵。

根据费斯廷格的调查，1954 年 7 月 23 日上午，即研究小组潜入该宗教团体之前，预言者收到消息，UFO 将于 8 月 1 日中午在陆军航空基地着陆。于是，当天有 12 名信徒在路旁等了两个多小时，可是什么都没有出现。除了遇到一个陌生男人，并没有发生什么特别的事情，信徒们失望地解散了。

然而第二天，预言者收到了神之使者的消息："出现在路旁的人是我。"预言者欣喜若狂，信徒们的宗教活动也变得愈发活跃。

12 月 17 日上午，一名自称某电视卡通人物的人打来电话，声称下午 4 点 UFO 将会在预言者自家的后院着陆。信徒们为了能目睹 UFO，急急忙忙做了诸多准备，并按时在后院集合。可是 UFO 没有到来。

接着又有电话打来，说 17 日深夜 UFO 会降临后院。于是信徒们又急急忙忙做好准备，在后院一直等到凌晨 3 点。可是 UFO 还是没来。信徒们的内心已经濒临崩溃。

到了 12 月 18 日晚上，外星人使者又打来电话，声称"即将到达后院，让大家在那里坐等"。当天晚上抵达后院的是一群拨打恶作剧电话的学生。可是，预言者及其心腹深信少年们来自天界。尽管信徒中有部分人持怀疑态度，但是预言者以三寸不烂之舌说服大家相信这些少年是神之使者。也就是说，外星人 17 日虽然没来，但是 18 日真的来过了。

接着，他们迎来了前文所述的 12 月 21 日。结局如前文所述，最终预言还是没实现。然而，预言者说："由于信徒们的表现极为卓越，于是神把世界从毁灭的命运中解救了出来。"听了这些话，信徒们的心灵再次得到拯救。除了没怎么付出过的信徒，余下的大多数信徒都加深了信念，致力于传教活动。

如此这般，通过追踪预言形成的过程，我们了解了避免认知失调的心理机制。

在商业领域，也有许多因果关系仅靠搜集过去的数据无法得到解答。在研究复杂社会现象的时候，案例研究能够帮助我们解答过去未曾注意到的因果机制。

开拓未来的能力（即使前例很少，也能推导出有效的假说）
案例研究的第三种能力，是即使前例很少也能推导出有效假说，进而开拓未来的能力。

在政治外交领域，案例极受重视。原因在于外交及战争等非常重大的问题不会频繁发生，因此难以采用统计方法。

当政治家及外交官需要通过外交来解决纷争，或发动战争来解决领土问题，他们会选取世界上曾经发生过的案例进行参考，思考政策的制定。这就是历史类比。以企业战略管理而闻名于世的研究大家理查德·鲁梅尔特（Richard Rumelt）在其著作中曾有如下论述：[①]

> 在外交政策领域，面对复杂局面时，人们大多会参照过去的类似情况进行诊断，并且会以一定程度上取得过成功的方法为基础，决定基本方针。因此，假如诊断得出伊朗总统马哈茂德·艾哈迈迪-内贾德（Mahmoud Ahmadi-Nejad）是"第二个希特勒"，那么战争可能会被选为基本方针。然而，假如将其诊断为"第二个卡扎菲"，可能选定的方针就是秘密接触、施加压力。在外交政策方面，经济、外交、国防等部门往往联合起来采取统一行动。

尽管我们不可能检验这一主张是否正确，但是只要灵活应用类比的方法，合理实施案例研究，纵然前例很少，也有可能推导出有效的假说。

---

① Rumelt, R., 2011. *Good Strategy/ Bad Strategy: The Difference and Why it Matters*, Crown Business.

所谓类比，是指从已知领域（base）和未知领域（target）寻找结构上的类似性，促进理解和思考的方法。

其实有不少企业就是在类比思考的启发下掀起技术革新的。例如，当美国西南航空想要提高飞机的运转率却面临必须缩短维修时间的问题，类比思维这时就发挥了很好的作用。他们研究了汽车赛事"印第安纳波利斯500英里比赛"（Indianapolis 500-Mile Race，简称"印地500"）中的进站加油，联想到维修飞机也可以让众多机械师同时协作。

类比不是检验假说的方法，而是发现的方法。由于在某个领域成立的事情不见得在其他领域也同样能成立，科学界常常将类比视为"不确定的推论"，对其保持一定的距离。然而当我们需要在未知的领域推导假说时，类比就能发挥作用了。拙著《深度模仿》[①]以及细谷功的《类比思考》也曾指出，尽管有些问题在某个领域是未知的，但在其他领域或许是已知的。因此人们往往会通过先行者的经历寻求答案，从不同地区发生的事件中得到启发，或参考同行业更先进的案例等。通过向更先进的领域学习，我们可以在当前的未知领域做出更好的判断。

不过还需注意，进行类比时选取的案例不同，判断结果也会不同。因此，有必要注意基准（base）的选择问题。

正因如此，我们才有必要牢牢掌握案例研究的逻辑，学习案例研究的方法。我们不能被表面的相似性所迷惑，而应积累

---

① 井上达彦著，兴远译：《深度模仿》，江西：江西人民出版社，2017年。

广大案例，形成"类比数据库"，根据不同的目标（target）进行相应的检索，选取合适的类比案例，绝对不能仅仅以熟悉等理由来选取基准。

在接下来的第 2 章到第 6 章，笔者将介绍几篇凭借案例研究的力量找出"黑天鹅"的获奖论文。所有论文最初展开调查时都认为"天鹅是白色的"，然而却意外地遇到了"黑天鹅"。那么，研究者是怎样遇到"不可能"事件的，又是如何建立起新假说的呢？笔者将一边介绍普遍论调、意外发现以及新的假说，一边阐明探索"黑天鹅"的方法。

第 2 章

只发生一次的事件和不同寻常的事件

"即使努力也是白费"在欧洲表述为"as likely as a black swan"（像寻找黑天鹅一样困难）。在他们看来，"黑天鹅"就是"不可能"的代名词。可以想象，在发现黑天鹅的那一瞬间，他们曾受到怎样的冲击。哪怕只有一只黑天鹅从眼前飞过，"所有天鹅都是白天鹅"这一主流观点便会不攻自破。

　　同样造成冲击的是查尔斯·达尔文的生物进化论学说。达尔文在研究观察中发现，加拉帕戈斯群岛和南美洲的动植物，即使是同一物种也会有些许微妙差异。达尔文据此认为这些动植物是为了适应当地环境，才产生上述差异。

　　例如，生活在加拉帕戈斯群岛上的雀类和生活在南美洲的同种雀类为适应各自的环境，雀喙的形状有着明显不同。达尔文因此认为，加拉帕戈斯象龟、鬣蜥、小嘲鸫等动植物具备同一物种内的多样性特征。

　　根据当时普遍的说法，生物的物种是不会发生变化的。达尔文通过长期的观察和研究，逐渐对这一说法产生怀疑，并在此基础上发表了不朽的著作——《物种起源》。达尔文在该书中提出了自然选择引发的生物进化论学说。

《物种起源》一书不仅在专家学者之间引起争论，在一般读者群中也备受关注。那么，生物进化论学说为什么会给当时的社会带来如此大的冲击呢？我们必须将它跟当时的社会背景以及主流观点进行对比才能知晓一二。

说起 19 世纪，那是文明社会中西欧基督教影响力超群的时代。基督教认为，包括动植物在内的世间万物皆由神创造，当时西欧基督教社会的人们对此笃信不移。此类信仰的原则如下：

- 神有计划地创造了这个世界。
- 神以友爱之心庇护所有生物。
- 生物诸形态自神创造以来即不变（因神之目的而创造，故不会改变）。
- 人类作为特殊存在而被赋予特殊职能。

然而，达尔文却提出了"自然选择"，取代了"神创论"的主张。所谓自然选择，是指"在生物的生存竞争当中，拥有较有利性状的生物生存下来并留下后代，不适者则走向灭亡"（日本词典《数字大辞泉》）。其背后所隐含的原则大致如下：

- 世界诸多样态系自然选择的结果，而非有计划创造的产物。
- 生物必须在"生存竞争"中谋求生存。

- 生物在"自然选择"的过程中不断发生变化。
- 在"自然选择"的作用下，人类与其他生物并无不同。

据说达尔文为了避开来自宗教界的反击，在《物种起源》一书中没有提到关于人类进化的诸问题（在 1871 年出版的《人类起源》一书中，达尔文才首次提出人类与猩猩拥有共同祖先，且由猿进化而来）。

即使如此，达尔文仍然在《物种起源》一书中暗示了"人类极有可能是由猿进化而来"，这一主张在当时看来是绝对不可能的。当时的人们普遍认为包括人类在内的万物皆由神创，达尔文的进化论无疑对"神创说"发起了挑战，而加拉帕戈斯群岛上的案例作为"神创说"的偏离案例就具有了十分特别的意味。

单一案例的价值

唯一案例所具有的价值在不同的场合具有不同的意义。提起天鹅，一般人都会想起白天鹅翩翩起舞的样子。然而，哪怕只有一只黑天鹅出现，也势必颠覆人们的固有认知。这种单一案例所具有的意义就呈现出来了。

案例研究在整理和分类案例时，一般分为 4 种类型：（1）前沿案例；（2）代表案例；（3）偏离案例；（4）原型案例。

前沿案例

所谓前沿案例，是指针对他人正在探讨的设想和主张先于他人进行验证及实行的案例。当初看来"不可思议"或者"绝无可能"的事情，经过验证而普及化之后被认为是"十分平常"的事情。以电子零售业为例，亚马逊和易贝堪称前沿案例的典范。如果有若干不同的发展方向，那么可以参照不同的前沿案例。无论成功也好、失败也罢，有前人的经验和教训值得学习与吸取，这种观察学习效应是前沿案例带来的好处。仔细考察和研究前沿案例，我们不仅能发现促使其成功的机制，也能发现一些陷阱和困境。虽然前沿案例不同于当前大多数的案例，但是它们极有可能发展成为将来的代表案例。所以，通过参照对比前沿案例同当前代表案例的差别，亦可以思考今后的对应措施。

代表案例

所谓代表案例，正如其字面意思所表示的，是与特定问题相关的典型案例。通过对代表案例的学习，我们可以对特定问题的一些基本和典型状况有所了解。可以作为代表案例的，有以下两种：第一，将某些普遍的案例作为代表；第二，将极端案例作为代表法。美国零售业的折扣店（discount store）中，沃尔玛是其中的代表案例。值得注意的是，如果范畴（category）过大或过小，或者过于模糊，沃尔玛作为典型案例就会失去价值。例如，就会员制折扣店而言，开市客可以作为候补。代表性越强，从该代表案例中获得的信息和知识在应用到同类范畴的其他案例时就越合适。

偏离案例

所谓偏离案例，是指与其他大多数案例不同，且与主流说法相悖的案例。通过对偏离案例的调查研究，我们可以知道"现有理论"和"业界共识"的局限性，从而取得理论上的突破以及经营方式上的创新。但是，与前沿案例不同的是，偏离案例不太可能发展成为该产业内的杰出代表。基本上这类案例会一直被视为不太可能的存在。以美国流通业界为例，以销售原创食品为主的乔氏超市以及因销售有机食品而知名的全食超市等连锁超市，可以被归入偏离案例的类型。[①]总的来说，"黑天鹅"无论是现在还是将来，终究还是偏离案例。

原型案例

所谓原型案例，是指导致特定问题发生的最初案例。如果说革命，原型案例可以是法国大革命；如果说股份制公司，原型案例可以是东印度公司。诸如此类作为各关注事项的起源，同时将该类事项的本质特征体现出来的案例即原型案例。通过对原型案例的调查研究，我们可以加深对该类事项的本质、理

---

① Trade Joe's：美国的一家私营杂货连锁店，2009 年成立于美国加利福尼亚州，因物美价廉而著称；Whole Foods：美国的一家私营食品连锁店，1980 年成立于得克萨斯州，因销售有机食品和健康食品而著称。——译者注

念以及生存法则的理解。就欧美流通业界而言，世界上最早的百货店乐蓬马歇百货店、美国纽约的梅西百货公司都可以划入原型案例这一类别。①

在以上所述的 4 种案例中，偏离案例颠覆了固有观念，重新确立了新的认知准则，因此该类案例的研究受到社会的高度关注和评价。

实际上，在获得最优秀论文奖的论文中，也不乏对偏离案例进行的研究。那么，接下来我们看一下这种"单一案例"是如何在学术界为自己赢得一席之地的。

学术研究的启发

美国管理学会每年都会从其会刊《美国管理学会学报》（AMJ）所刊载的大约 60 篇论文中，择优选出一至两篇授予"最优秀论文奖"。为了更好地理解"单一案例"的价值，本章将介绍得克萨斯大学普洛曼教授率领的团队关于组织变化的

---

① 乐蓬马歇百货店：1838 年成立于法国巴黎，被称为世界最早的百货店；梅西百货公司：1924 年成立于美国纽约，被称为当时世界最大的百货公司。——译者注

研究（该文获得 2007 年最优秀论文奖）。[①] 需要注意的是，AMJ
的案例研究只关注现象本身，论文中出现的企业、团体名称均
为化名。

　　首先，官方的授奖理由如下页所示。

　　组织变化是管理学中关注度最高的课题之一。美国管理学
会也有相当数量的学术权威进行了颇有建树的研究。其中一项
公认的说法如下所述：

　　　　仅仅通过渐进积累细微的变化，是不会发生根本性变
　　　化（radical change）的。

　　关于这一主流观点的代表性概括被称为"间断均衡模型"
（punctuated equilibrium model）。[②] "间断均衡模型"认为在长
期渐进的变化之后，最终不会出现一些破坏既有框架的非连
续变化。在这种状况下，要适应非连续性变化的环境，组织
就不能连续且渐进地做出改变，而应改革其战略、组织构造、
过程、管理以及人才等各要素。迈克尔·图什曼（Michael
Tushman）是该模型的最早提倡者，他提出"急剧的变化只可

①　Plowman, D. A., Baker, L. T., Beck, T. E. Kulkarni, M., Solansky, S.
T., & Travis, D. V., 2007. Radical Change Accidentally: The Emergence and
Amplification of Small Change. *Academy of Management Journal*，50 (3): 515–
543.
②　间断均衡模型又被译为"断续均衡理论"，最早由古生物学家考察生物
进化时提出，本文系其在管理学领域的应用。——译者注

┌─ 授奖理由 ──────────────────────────────────┐

《美国管理学会学报》2007 年最优秀论文奖

　　该研究选择无家可归者（homeless）作为研究对象，以地方教会为无家可归者提供食物为研究案例，挖掘其对管理学的启示。对于本学会而言，这也是十分新颖且具有独创性的案例研究。该研究有充分的数据支撑，它独特的论述方式具备足够的吸引力让读者产生读下去的欲望。文章采用了较为复杂的理论，可谓一种革新性的尝试，应用到本案例中则恰到好处。

　　结论的核心部分出乎意料，毋庸置疑也是十分重要的。读者从中可以发现"所谓急剧的组织变化，其实是在无意识中有创造性且缓慢进行着的变化"。这种变化有违人们的直觉，但是作者通过精心设计的研究方法、丰富的调查数据、恰到好处的理论运用以及让读者产生阅读兴趣的行文方式，让该论文在具备说服力的同时也不乏趣味性，实为一篇极富洞见的上乘之作。课题负责人是一位经验丰富的研究人员，这是他所指导的5 位年轻研究人员团队合作的结晶，从这一点来说该论文在研究范式上具备原创性，同时也为教学上的论文指导提供了标准的范式。

└──┘

能发生在非连续的场合"这一主张。图什曼本人也因此成为"组织变革理论"的权威。[①]其后又陆续有为数众多的研究者推进图什曼的上述主张，认为有计划性和前瞻性的领导者主动地

────────────

① Tushman, M. L., & Anderson, P., 1986. Technological discontinuities and organizational environments. *Administrative Science Quarterly*, 31：439–465.

推动才是组织根本性变革的主要原因，这也在一定程度上证实了图什曼的观点的正确性。

这种观点跟本章开头所介绍的"神有计划地创造这个世界"这一神创说多少有些相似。对于一个组织而言，如果领导者没有明确的蓝图愿景且不能够有计划地推进，那么根本性的组织变革将不可能发生。当然，小范围或者小集团层次的变革是个例外，但我们很难想象没有计划性的领导者推动的根本变革。

然而，普洛曼等人对该说法提出了质疑。他们的研究出于机缘巧合，碰巧有教会委托他们做调查研究，普洛曼团队在该调查中观察到了从常理上来说不太可能发生的组织变化。简单地说，他们发现，微小的变化会以一种意料之外的方式结合在一起，最终产生根本性变化。

正如本章开头所介绍的进化论一样，他们像达尔文那样通过自己的研究调查，留意到细微变化所具有的重大意义，从而发现了像进化论那样在没有计划的前提下发生变化的因果关系链条。

那么，初期的细微变化是如何逐步升级并最终使组织内发生根本性变化的呢？在进入详细说明之前，为便于读者理解，我们可以先看一下图 2-1。将新生教会和既有教会进行比较，教会的基本属性（集体身份、信徒的构成、主要财源）发生了变化。

产生变化的一个关键词是"放大"。也就是说一些非常细微的变化不断增加，最终会产生巨大的变化。普洛曼等人的研

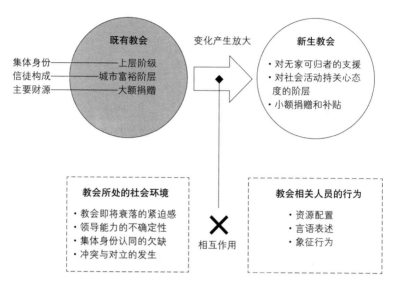

图 2-1 产生变化放大的要因

究显示，产生放大的原因主要由教会所处的社会环境、教会相关人员的行为以及环境与行为间的相互作用这三个要素。

据此，该研究团队将该案例作为"偏离案例"来研究，挑战常识。

由于本书主要关注案例研究的方法论问题，所以笔者不打算深入探讨普洛曼等人所使用的复杂理论，而是在介绍案例的过程中将产生变化的诸要素进行解释说明。

教会的故事

该案例所选取的是一个关于教会的真实故事，该教会兼具历史与传统，论文中其化名为"传教教会"，位于美国西南部某大都市的中心区。教会两旁皆是著名酒店，经常举办高雅的婚礼或面向政府机构及企业管理层的讲习会。教会对面的公园经常有观光巴士经过，游客从那里坐车欣赏城市中心区的风景。相隔几个街区就是旅游景点，也是高级餐馆和精品时装店林立的都市繁华区。

在几十年前，该教会还是为城市上层阶级而设的教会。但随着城市中心区的治安恶化，人们逐渐向郊区迁居，他们前去礼拜的教会也变成了位于郊区的教会。就这样，大约 50 年以后，该教会可以说已经相当程度地衰落了。

但就是这样的教会，开始萌发了变化的种子。

这是某日晚餐时的讨论，教会的年轻信徒们提到关于礼拜日早晨的活动。一些信徒提出："有一些信徒不愿意参加教会学校这类有历史传统的活动，针对这些人能不能开展一些替代性的活动呢？"

这时有人建议："我们是否可以给途经教会的无家可归者提供食物？"当然，他们的出发点不是简单的施舍，而是让那些无家可归者有尊严地享受免费的食物。所以，他们并没有把这个活动定性为"施舍"，而是以"客人"的名义招待那些无家可归者。他们把该活动命名为"Café Corazon"，在获得牧师的认可后开始正式实施。

就活动本身而言似乎并无值得书写之处，只是稍微不同于一般教会的行事风格而已，因为过去的教会一般来说是不欢迎无家可归者的。

当然，偶尔也有无家可归者前来索要食物，但教会一直认为这会妨碍教会活动因而拒绝了他们。即使有工作人员接待这些无家可归者，也不会让他们靠近教会的大门，因为教会担心这会让前来礼拜的普通人感到不快。[①]

该活动的发起人是一群年轻人，他们周末在街头发放宣传单，第一次的早餐就有 75 名无家可归者前来领取，很快参加人数就超过了 200 人。就这样，活动发起人以及他们的朋友们在接下来的一年中自己筹集资金为无家可归者提供早餐。

从志愿者开始提供早餐起大约 6 个月后的一个礼拜日，一名内科医生带着听诊器、医药包来到活动现场，开始为身体有问题的无家可归者提供诊疗救助。

礼拜日的诊疗不断扩大，该内科医生呼吁其他医生前来参与这项活动，最后牙科、眼科等诊疗也加入行列，至此礼拜日的活动开始成为大范围的诊疗活动，每年有 1000 多名无家可归者接受免费的救助治疗。

后来，教会成员中的一名律师为了使该项活动能够继续，向市政府申请了补贴金。获得补贴金后，这项活动的影响力日益扩大，5 年后该教会在市政府的资金支持下，成立了为数千名无家可归者提供 2 万顿餐食的"日间照管中心"（Day Center）。

在餐食和医疗服务的基础上，他们的服务范围还扩展到洗

---

① 　Plowman et al.（2007），p. 526.

衣及淋浴设施，乃至法律援助和职业技能培训。无家可归者也开始积极地参与教会的各项活动，他们加入教会的合唱团，并且为做礼拜的教徒做先导。

由于前来礼拜的人员构成发生了变化，礼拜时的着装规范、礼拜风格乃至教堂的音乐都发生了巨大的变化。每周前来教会做礼拜的无家可归者有几百人之多。

当然，过程中并非完全没有问题。该活动在受到社会、媒体关注的同时，周围高级酒店和办公楼的投诉也层出不穷。抛开好坏不说，该教会的使命已经发生根本性的改变。

细微变化引发根本性变化

就该教会而言，细微的变化可以说是同时发生。例如，提供早餐、提供诊疗以及申请补贴等。

为什么说这些都是"细微的变化"呢？这主要基于以下 4 个理由：（1）该活动并不需要教会的资金支持；（2）教会不必改变自身的活动和计划；（3）该活动没有触犯教会的权威，而是由个体成员发起的；（4）该活动并未有意识地设定目标，也没有制定实现该目标的路线图。

普洛曼的研究团队通过调查采访发现，活动的发起者并不认为也没有意识到这些细微的变化会使教会本身发生如此重大的变化。教会发生的变化不是有意为之，也不能提前预测，但是最终发生了根本性的变化，甚至影响到教会所处的社会环境的变化。

这一系列变化本身可以说是有违主流观点的偏离案例，作为"不可能发生的现象"值得特别留意。因为教会的变化有违之前所述的各类观点："急剧发生的变化不是缓慢发展而来""根本性的变化不是由细小变化慢慢积累而成"以及"领导者主动地推动变化"。

那么，初期的细微变化为什么，又是如何不断升级并最终使组织发生变化的呢？

该研究团队通过不断分析，得出如下几个结论：

- 这些细微的变化受教会所处社会环境的影响而扩大。
- 这些细微的变化受教会成员行为的影响而扩大。
- 这些细微的变化受环境和行为的相互作用而扩大。

他们认为这些细微的变化受到上述机制的影响而不断扩大，从而逐渐地发生了根本性的变化。

产生变化的环境

最早引发变化的环境是不稳定性。这种不稳定性最容易产生一些具有潜在创造性的变化，并最终产生根本性变化。

具体来说，首先是教会内部因教会衰落而产生紧迫感。该教会的财源以前主要是大额募捐，曾经有过很长一段资产丰厚的时期。但是，有影响力的金主陆续搬迁，导致该教会的资金来源日趋减少，最后甚至无法维持日常运营。

其次，教会领导力（leadership）不稳定。现任教会牧师是一对夫妇，1995 年这对夫妇经由上层教宗派遣而来，而在此之前的三年间更换了两名牧师进驻该教会。此外，夫妇二人共同担任牧师这一情况本身也较为反常，教徒中对此有质疑的声音。

最后，身份认同也有问题。在给无家可归者提供免费早餐之前，首先要放弃排他性，吸纳更多同道。然而把同性恋者也纳入进来，在教会内部引起了较大的分歧，有成员指出"教会曾设计过若干未来发展方案，最终都无果而终"。不容否认，教会本身这种脱离中上层阶级的倾向在教会内部引起了些许不安。

在此基础上，围绕身份认同问题引起的内部冲突甚至会让历史遗留问题死灰复燃。

该教会在 1964 年同上层组织即教派总部产生了尖锐的对立。总部指出"任何教会都不得因人种为理由将教徒排斥在外"，但是该教会的领导人与支持种族歧视的团体"三 K 党"（Ku Klux Klan）① 的领导人一道对抗教派总部的指令。虽然最终该教会向总部妥协，但是"三 K 党"前领导人逝世后，该教会的礼拜堂内贴上了其名字以示悼念。

---

① 三 K 党：美国历史上以及现在依然存在的奉行白人至上主义以及基督教恐怖主义的民间团体，也是美国种族主义的代表性组织。

教会身份认同引发问题后，有人对礼拜堂内张贴"三 K 党"领导人名字的行为提出了质疑。

产生变化的行为

教会的成员以及领导者的行为让最终的变化产生放大效应。例如，内科医生在礼拜日进行的诊疗，使得专业的医生以及药品等"新资源"进入教堂。另外，该内科医生呼吁同行展开诊疗的行为也使这些变化产生放大效应。向市政府申请补助同样如此。申请补助的活动从另一方面显示了教会上层开始正式认可并积极努力配合这一慈善活动的决心。

获得市政府的补助之后，教会有了更加充实的资金保障。教会的各类设施也随之更新，礼拜活动用的服装室成为眼科医生的诊所，更衣室成为淋浴室，乐队指挥的工作室成为医生的办公室，而一些教室则改装了可以放置衣物的独立壁橱。

最终该教会在市政补助的支援下成立了"日间照管中心"。无家可归者造访的人数已经超过最初申请时的限额，该中心越来越依赖市政府。

一些令细微变化正当化的语言可以扩大变化。因为语言是人们内心的一面镜子，语言会将我们所想的东西展现出来。所以说，语言赋予变革以意义。

普洛曼的研究团队在调查采访时注意到，教会相关人员所使用的语言和修辞具有一定的倾向性。牧师以及教会其他人员在接受采访时频频使用"整顿""全人格""重生""恢复"等词汇，都昭示着根本性的变化。

不仅是语言和修辞，一些预示着新方向的"象征行为"（symbolic action）也值得特别注意。

所谓"象征行为"，是指意在传达超越行为本身的意图的行为。

例如，在本案例研究中，该教会牧师带领着 12 名无家可归者参加商业精英和地方领导人主办的早餐会（象征着 12 使徒）。该行为不是为了突出"一起吃早餐"这一举动。当地报纸以"无家可归者和精英共享早餐在现实中发生了"的大标题报道了此事。牧师的这一举动被传颂至今。

此外，"象征行为"还有化解冲突的作用。教会将刻有"三 K 党"领导人的名牌摘去，同时在圣餐式中使用其姊妹教会寄赠的杯具。该姊妹教会的主要信徒多是非裔美国人。正如某教会成员所说的那样，"圣餐杯是一个象征，即使有过相互憎恶和丑陋的过去，圣餐杯作为一种象征也能够将其转化成爱与美的现在"。

偏离案例的启发

在不稳定的环境下，一个细微的变化会诱发其他细微的变化，并且变化会产生放大效果。这种变化方式自然会挑战关于领导者作用的主流观点。

就根本性的变化而言，管理学一般强调领导者诱导变化发生和决定事态发展方向的能力。但是，普洛曼所率领的研究团队所关注的领导力则集中在细微事态的变化，以及领导人在语言修辞上的表现。

例如，牧师用教会箴言"正义得以实践"来形容医生给患者诊疗这一行为。牧师在语言修辞的使用上很有功底，积极地认可和肯定发生的变化，为后续变化的发生奠定了可能性。

牧师作为领导者发挥的作用，是在变化发生时赋予该变化积极肯定的意义。这不同于一直以来关于领导力研究中所提倡的"领导者对变化的方向做出指示"或"领导者自身可以推动变化发生"等主流观点。牧师夫妇并非不食人间烟火，他们没有回避或者拒绝礼拜日免费餐食的主张，而是欣然接受了成员的建议。他们也没有把这种异常行动视为转机，因此没有明确的目标、计划、预算以及战略等传统行为策略，而是选择使用语言和象征，对当时发生的变化赋予积极意义，从而确保组织的一贯性和连续性。这样一来，就变化的方式而言，它是首尾一贯的；对组织内部成员而言，也减少了变化过程中的不确定性和模糊性。

学术研究范式

以上介绍的是由微小的变化产生放大效应，从而发生根本性变化的过程。这项研究是在慎重搜集调查数据和细致分析的基础上展开的。正因为如此，我们才敢说该案例是"偏离案例"。

具体说来，就调查问卷而言，研究团队给所有的受访者都准备了相同的问卷内容。但是，问题不是仅仅要求回答"是"或"否"的封闭式问答（closed end），而是开放式问答（open end），详细询问受访者什么（what）、谁（who）、何时（when）、何地（where）、怎样（how）等，倾听受访者见解。

所有采访都会录音，并会根据录音内容进行整理。同时，所有的采访都有两名研究人员参与，采访后双方会确认事实以及对采访的印象。

记录方法则采用案例研究领域的权威、斯坦福大学凯瑟琳·艾森哈特教授创立的方法。[①]

- 在 24 小时内完成详细的采访手记。
- 采访中获得的数据不得有任何遗漏。
- 各自采访手记的结论应当以调查者全员的印象为基础。

避免"精英偏见"以及"回顾偏见"

接下来，该研究团队对可能产生的各种偏见进行了细致的研究。首先，作为局外人的调查人员深入组织内部，要尽可能

---

① Eisenhardt，K. M. 1989. Building theories from case study research，*Academy of Management Review*，14：532–550.

地不诱使受访者产生非常举动。为了将这种影响降到最低，调查人员应最低限度地公开他们的身份，尽可能地不让自己太过显眼。

所谓精英偏见，通常是指在采访过程中只关注组织的领导者或高层管理者的观点，从而产生与实际情况相背离的结果。普洛曼的研究团队从一开始就注意到"精英偏见"可能会带来的弊端，对教会以及"日间照管中心"的所有工作人员都进行了采访。对于发现的一些事实，通过多重数据渠道予以确认，而不是单纯找领导者确认。另外，研究团队内部会对发现的事实以及结论仔细分析、探讨以得出更客观的解释。

研究团队在"回顾偏见"的问题上也颇费了一番功夫。由于人类的记忆具有模糊性，关于谁在何时何地做了什么事情，即使知道也可能给出不精准的信息。被问到原因和结果时，人们也极有可能根据现在的认识对过去做出回顾和理解，而不是根据他们在当时的真实感觉。

要避免这种"回顾偏见"，研究者就需要对事件发生当时所留下的记录资料进行事实确认。比如采访时最理想的做法是能够实时搜集信息，但是这种状况十分少见，信息搜集一般都是在事件发生后半年内进行的。

普洛曼的研究团队调查的变化大都发生在半年前，为了避免"回顾偏见"，他们制定了如下对策：

• 采用自由报告（free report）的形式。

- 对两人以上的受访者就同一问题进行询问，以验证事件真实性。
- 如果是二手信息，则通过采访的形式予以确认。

这里所采用的自由报告是指让受访者对过去的事情进行自由诉说。记忆模糊或者想不起来的可以不说，是自由报告的优势。相反，如果强迫受访者诉说，那么所有问题都变成不得不回答，最终一些十分模糊的记忆也以肯定或否定的形式来回答，会影响调查的真实性。

归因的顺序

对案例进行分析的顺序也有一定的体系。首先，要考虑应该以何种视角对案例进行分析。在分析组织行为时其实有多种不同的透视方法（lens），该论文选取的主题是组织变革（关于该问题下文将详细叙述）。

从调查采访和新闻报道中获取信息后，要按照时间序列对信息进行整理。由参与调查的 5 名成员做成年代大事记，然后根据各自的理解完成叙事。

5 名成员各自的叙事有一致的地方，也有不同的地方。普洛曼为了寻找引起组织变革的要因慎之又慎，最后将关注点集中到 5 人都一致认同的原因上。那就是上文提到的 4 个环境要因（衰落带来的紧迫感、内部冲突对立、领导力、身份认同）

和 3 个行为要因（资源配置、语言表述、象征行为）。

他们对上述要因的归纳并非建立在假说的基础上。为了证实这些要因是导致组织变化的根本因素，他们对采访数据和新闻报道字斟句酌、逐字分析。他们找出与上述 4 个环境要因和 3 个行为要因相关的信息，逐一证实内容的真实性，并且对数据进行了详细的统计（表 2–1）。

例如，在调查采访中，如果教会的某成员指出"新的教会领导人改变了信仰的宗旨"，那么这应当被算作"领导力"的环境要因，可以计 1 次引用。同样，如果某成员指出"我们还需要更多的资金和援助，教会在资源利用上还有更多的挖掘空间"，那么这应当属于"资源配置"的环境要因，故可以计 1 次引用。

将文字信息归纳到特定概念范畴的工作被称为操作编码化。在普洛曼的研究团队中，两人一组对采访获得的数据进行详细分析，然后根据各自的发言将其纳入不同的范畴。这种方法也被称为"双码策略"（dual coding theory），即事先安排好两位操作人的操作顺序进行编码化操作。

特地安排两位（或以上）操作员进行编码化是有原因的。如果由一个人进行编码化，很难保证归类是否正确。如果集二人之力，则可以更大程度上避免操作过程中出现偏颇，也更能保证结果的真实可靠。

也就是说，两名操作者对各自承担的采访工作进行分类整理，然后两人相互比较，在两人都同意的基础上对发言进行分类。对于无论如何都难以达成一致的情况，该采访将不会被视为分析的对象。这种方法适用于所有的调查采访（共计 22 人）。同时，与该教会相关的新闻报道也用相同的方法进行编码化。

编码化的结果如表 2-1 所示，考察对象涉及面很广，从教

表 2-1　操作编码化的详细内容

变化产生放大的原因	采访中被引用的次数	新闻报道中被引用的次数	考察对象
环境			
衰落带来的紧迫感	28	1	教会内部会议上的讨论
内部冲突对立	84	16	无家可归者的喧哗、公园警察、日间照管中心制定的规则、教会内部会议上的讨论
领导力	74	3	与无家可归者的沟通、配合电视采访、教会的宣传册
身份认同	112	16	教会内部会议上的讨论、上层领导间的会晤
行为			
资源配置	105	6	经理人与工作人员就间接经费展开的对话、教会内部成员会议上的讨论、免费餐食活动的扩大
言语表述	32	8	名片、广告牌、教会的资产、与领导人面对面的对话、教会的宣传册
象征行为	30	16	教会领导人与无家可归者的沟通、作为无家可归者代言人的教会领导人、曾经为无家可归者的教会人员、市区内张贴的地图

会内部会议到宣传册都在编码化的范围。调查员们通过阅读和观察（比如广告牌、宣传册、新闻报道），以及对教会相关人员的面对面采访而获取信息，同时将这些信息编码化。

关于案例研究的一点建议

普洛曼等人的研究的确值得赞誉，那么职场人士能够从获得最优秀论文奖的这篇论文中学到什么呢？笔者认为，最重要的是能够找到打破主流观点和业界常识的偏离案例。

事实上，要找到能够称得上"偏离案例"的情况实属不易。看到该教会在做这类慈善活动，谁不会为之感动呢？即使把它当作一个真实历史故事来讲述，该案例所具有的新鲜感或者说"偏离感"也毋庸置疑。

但是，很多人在听说或者阅读了这个故事后就没有下文了。或者说，他们做的事确实令人感动和敬佩，但是要自己来做恐怕有点不太可能。当然也有人会说，那个教会的情况比较特殊，然后就不了了之。这些人仅仅满足于该教会的特殊性，而没有深究背后的内在机理。当今社会这样的例子不胜枚举，很多人仅仅把这类案例视为"单纯的例外"。

在面对这类案例的时候我们经常会遇到这样的陷阱，即仅仅满足于追问"类似的案例是否还会发生"，如果仅以这一视角来判断偏离案例，即使再经典的案例，我们也无法学到实用的知识。

那么，我们该如何在避免陷阱的基础上，深刻领会案例的精髓之处呢？

首先，要在平凡小事中发现感动和惊奇。如果我们觉得感动，或是发现某种关联，请不要把它视为"单纯的例外"，而是应该抱有"这种案例肯定有值得学习的地方"的态度。即使真的是例外，从例外中发现价值的精神也是至关重要的。要想做到这一点，我们该如何行动呢？

笔者在这里准备了一个核对表（check list），读者可以根据下述问题进行操作。

- 该案例的哪一部分让你很有感触？
- 为什么会产生这种感触？
- 与通常案例相比特别之处在哪里？

通过对上述三个问题的追问，一些不经意的感触、无意识的感触甚至难以言表的感触都可能转化为有意义的感触、有意识的感触及可供分析的感触。就本书而言，也是选取了貌似十分不足取的事件，却被作为案例研究的对象来分析。

接下来有三个步骤展开对案例的分析：

- 这种特别之处会产生怎样的结果？
- 这种特别之处为何会实现？
- 这种特别之处对于你本人的企业和组织运营以及个人事

业发展具有怎样的意义?

这三个步骤正是案例分析的精髓所在。

首先,需要思考的是案例的"特别之处"会产生怎样的结果。其次,分析该"特别之处"能够实现的原因和环境。这一步对于日后参考该案例的可取之处具有十分重要的作用。最后,参照该案例的运行模式,日后自己是否有实践的可能性。

无论是学术研究还是职场实践,明确案例研究的特别之处是发现案例价值所在的出发点和突破口。至于如何发现特别之处,笔者有如下两点建议可供参考。

意识到例外的存在

对于职场精英而言,十分重要的一点是,要有发现例外的能力和素养。要具备这样的发现能力,就有必要对业界的主流观点或常识有深入的了解。

对普洛曼的研究团队而言,正是因为他们对管理学的理论知识驾轻就熟,才发现了上述案例的研究价值。普通的研究者即使遇到这样的案例,他的认知恐怕也仅仅停留在故事的趣味性上,不会发现"例外"所具有的价值,甚至不会将其视为"例外"。一般的研究者不会将这种渐进式的变化积累与根本性的创新联系起来。

在职场上亦是如此。留心观察、质疑常识非常重要。假如你是软饮料的开发者,如果某人在小酒馆喝完酒后喝"宝矿力水特"，你会做何感想？如果家里人生病，比如感冒发烧时喝一瓶"宝矿力水特"，又会如何呢？

可见，运动饮料并不意味着只在运动的时候才能饮用（非运动状态下饮用运动饮料的不在少数）。三得利公司的研究团队从这类案例中得到启发，从而发现了"净化体内物质"这一隐性需求。为此，该研究团队开发了以均衡体内营养为目的的饮料"DAKARA"。已有的运动饮料主要强调运动时的水分供给，但是"DAKARA"的功能性体现在其可以清除积蓄在体内的未摄取物质，同时吸收维生素和矿物质。

普通与例外之间有着相关性，重视这种相关性十分重要。对主流观点持有"正常的话，应该这样"等冷静的理解，在此基础上还需要具备对主流观点的问题意识。

发现加拉帕戈斯群岛上的动植物与南美洲稍有不同，是达尔文回到英国之后的事情。达尔文在对当时的主流观点和常识逐一考察之后，明确了加拉帕戈斯群岛上生物的独特性，并最终发现了生物进化的机制。在这一过程中，达尔文的观察记录发挥了重要作用。

发现案例的透视法

还有一个值得注意的问题是，要具备发现案例的透视法，或者说视角。在案例研究中，我们必须知道以何种视角看待问题更容易发现或者提高案例的潜在价值。

事实上，普洛曼的研究团队在考察教会案例时对于采用何种视角也经过了慎重思考和讨论。最终，他们重新阅读了全部22人的采访记录，将他们的发言按照主题分类。作为分析的视角，他们把这些主题划分成组织变革、结构、目标使命及蓝图、集体身份、解释、挑战、社会及情绪状况、业绩、外部合作者、社区共同体等10大类型逐一予以剖析。

将"组织变革"设定为主题是因为他们认为组织变革这一视角最有可能提高该案例的研究价值。由于这一主题有许多下层分类构成，这种内部和外部的采访数据可以为该主题提供翔实的佐证资料。

鉴于该论文获得了最优秀论文奖，可以说他们的主题选择和判断是正确的。但是，正如他们在论文中所列举的那样，除了"组织变革"这一视角，还有其他9个有意义的视角值得分析。

实践领域也是如此。即使只有一个案例，我们也可以从中学到许多东西。特别是一些能够让你兴趣盎然的案例，案例中出现的场景或许与你自身或你所在组织面临的问题在视角上密切相关。在这种情况下，最好不要一个人孤军奋战，而应该像普洛曼的研究团队那样，集群体之力发现更多有价值的视角。

第 3 章

日常生活中的自然实验

设想一下，你在深夜听到求救的声音，打开窗户发现路上有一名女性被暴徒袭击，而你周围的邻居都有可能注意到这一事件。

　　在这种场合下，你会做出何种决定？

　　肯定多数人都会说"报案"或者采取其他制止暴行的行为。然而，事实上，不做任何反应的人居多。

　　这就是1964年发生在美国纽约的令人震惊的"凯蒂·吉诺维斯事件"。凯蒂·吉诺维斯在下班回家的路上遭遇暴徒袭击，她哭喊着"救命，有人要杀我"，但是在此后的35分钟里竟然没有一个人报警，更别说采取行动制止暴徒了。这种事即使在纽约也是看起来不可思议的事情。

　　警察发布的调查报告显示，该事件的目击者有38人。当《纽约时报》的记者就为什么没有报警而采访目击者时，得到的回答五花八门。有些人回答"不知道"，有些人害怕报警引起歹徒报复，有些人甚至认为是夫妻间吵架，也有人担心把家人卷进事件中。

　　为什么没有一个人报警或者采取行动呢？

　　其中的一个原因在今天看来有点不可思议。当时美国还没有统一的"911"报警电话（相当于日本和中国的110），报警电话因各个警局有所不同。所以，在报警的时候，人们需要核对所在地警局的归属以及具体联系方式。另外，即使报警了，警察也会就事件的可信度进行详细询问，整个过程十分烦琐。

　　于是，在35分钟内，没有一个人伸出援手。该事件被新闻报道之后，在全美引起巨大的轰动。对该事件进行采访的《纽约时报》记者和负责人认为导致这一悲剧发生的原因自然有多种，但是最重要的还是旁观者"事不关己"的心理。当然，这仅仅是假说而已。

两种实验

　　"因为不关心，所以不伸出援手"，这种假说是针对1964年发生在纽约住宅区的惨剧的一种解释，它仅限定在该住宅区某一日夜晚的特定情形。那么，同样的条件是否会产生相同的结果呢？条件稍微有些出入结果又会如何？这类问题没有明确的解答。研究者们不太可能完全还原相同的情形、相同的条件来检验是否会产生相同的结果。

　　对于研究人员而言，他们能够做到的是在实验室里有意识地创造尽可能相似的条件，或者在现实中寻找类似的现象。前一种方法被称为"实验室实验"，而后一种方法被称为"自然实验"。

实验室实验

所谓实验室实验，是指在可控的条件下，对假说的正确性、既有事件的真实性或有效性等进行检验的尝试。在实验室这种密闭的空间内，各种环境要素皆是人为设置的，因此可以排除一些无关要素的影响，从而推定事件的因果关系。

事实上，针对"凯蒂·吉诺维斯事件"，有学者为了解开其中的谜团进行过实验室实验。[①]

实验的流程具体如下。首先，招募愿意接受实验的人员（学生）。为了不让实验对象知道实验的内容，一位女性工作人员向实验对象隐瞒了实验的真实目的。在实验对象回答调查问卷的时候，该女性工作人员在隔壁房间假装制造一起事故。

这时可以听到隔壁房间书籍掉落、桌椅倾倒的声音。然后陆续传出女性的声音"好疼，腿不能动了"等。当然，这只是在播放录音。

当该女性工作人员一瘸一拐地再次出现的时候，接受实验的学生会是怎样的反应呢？组织者将接受实验的 120 名学生分成 4 个类型的小组进行了实验。

- 仅有一名实验对象。
- 相互间是朋友关系的实验对象。

---

① Latané, B., & Rodin, J. 1969. A lady in distress: Inhibiting effecting of friends and strangers on bystander intervention. *Journal of Experimental Social Psychology*, 5: 189–202.

- 相互间不认识的实验对象。
- 知道实验的内容而故意没有采取任何行动的实验对象与不知情的实验对象。

分成4个类型的意图十分明显。第一组只有一名实验对象，他不会受周围环境的影响。在这种情况下，多数人能够自己做出判断，大约70%的人会提供某种形式的帮助。第二组实验对象是朋友且十分熟悉，所以他们没有太多犹豫，也有大约70%的人基于自己的良知而伸出援手。

而第三组是相互不认识的实验对象，由于彼此并不熟悉，紧急情况发生时他们彼此观望，相互影响，这时他们不能像第一组中单独一人那样独立自主地做出决策，因此最终只有40%的人选择提供援助。最后一组，有一部分实验对象知道内情，他们没有任何质疑和惊慌，而是继续答题，那些不知情的实验对象最终选择提供援助的只有7%。

进行该实验室实验的是社会心理学家是毕博·拉塔内（Bibb Latané）和约翰·达利（John Darley），该实验的结果正如他们当初所料。人类的心理行为倾向于在采取行动前看看别人是怎么做的。因为有其他旁观者在场，责任就可以共同分担。拉塔内和达利将这种因其他旁观者存在而最终影响自我决策的现象称为"旁观者效应"。

他们在论文中也提到了"凯蒂·吉诺维斯事件"，对该事件给出的结论如下：人们没有伸出援手不只是因为有其他旁观者，而是因为有其他旁观者且其他旁观者没有任何行动，这才导致了悲剧的发生。

　　实验室实验的优势在于对周围环境的有效控制。在拉塔内和达利的实验中，除了实验对象的人数多少、亲疏关系，其他影响因子均被排除在外，这样就可以比较准确地得出结论，即导致实验对象采取不同行为的原因在于"他者行为"的影响。

自然实验

　　获得 1998 年诺贝尔经济学奖的挪威经济学家特里夫·哈维默（Trygve Haavelmo）曾经指出，实验室实验是根据人类意志而进行的实验，自然实验则是在自然的广袤空间中进行的不间断实验。在自然实验中，人类只能旁观而不能操控。[①]"只能旁观"听起来似乎是一种消极的语气，实际上我们要积极地观察并且从中发现一些东西。

　　许多社会心理学教科书中都用拉塔内和达利的"旁观者效应"来解释"凯蒂·吉诺维斯事件"。因此，将该解释视为主流观点并不为过。

　　然而事实上，"凯蒂·吉诺维斯事件"的实际情况跟拉塔内等在实验室中设置的环境并不完全一样。实验室实验虽然能够有效地控制环境因素，却不一定能完全还原真实环境。

　　曾经获得过普利策奖的知名记者亚伯拉罕·罗森塔尔

---

① Anderson, E. T., & Simester, D., 2011. A Step-by-Step Guide to Smart Business Experiments. *Harvard Business Review*，89 (3): 98–105.

（Abraham Rosenthal）在《38 名沉默的目击者》一书中，以一名记者的视角对"凯蒂·吉诺维斯事件"进行了解读。[1] 该书逐一还原了当时的状况。

阅读这本书我们就会知道，称得上目击者的人可能没有38 人那么多，或者说警方所宣称的 38 人多少有点夸张。书中写道，真正目击现场的人只有几个，大多数人可能只是听到了叫声，而未必真实目睹。如此一来，该事件的大环境可能跟拉塔内等人的实验存在微妙的差别。

在实验中，可以观察被实验者在听到呼叫声之后的相互反应。但是在真实事件中，人们虽然也听到呼叫声，却不确知其他目击者是如何反应的。

具体说来，就算看到（受害人）近邻有灯光亮起，其他目击者也不知道这户人家是否已经报警，因而不能据此判断其他目击者没有报警是受到"该近邻没有报警"的影响。所以，不能以此来下结论说目击者的冷漠无情是因为其他人都没有任何行动。

根据记者的采访报道，大多数人将没有报警的理由归结为"不关心"或者"不想卷入事件中"，反而很少听见"错误地认为别人已经报警"等。

实验室可以简单地控制环境因素，但并不能反映日常生活中的一些自然反应和行为。要想把握复杂社会系统中的自

---

[1] Rosenthal, A. M., 2008. *Thirty-Eight Witnesses*：*The Kitty Genovese Case*，Melville House.

然反应和行为，除了以实际发生的事件为案例，没有更好的方法。这就需要我们认真观察、寻找贴切的案例，且这种案例必须是自然发生的实验。一本关于管理学研究方法的教科书这样写道：

> 进行推论的前提是，研究者应当慎重选择适合作为分析对象的案例，然后对它们进行细致的观察。这种观察研究实际上相当于实验室中有控制的研究，只不过是通过慎重选择自然案例而实现的。

例如，"凯蒂·吉诺维斯事件"本身就可以称得上自然实验，当然，其他与之类似的环境下如果发生相似的不可思议的事件，亦可以作为自然实验的材料。因此，如果想追加相似的案例，就需要认真寻找其他类似"不伸出援手"的事件。在找到相似事件之后，根据前述拉塔内等人的实验分组，分别调查目击者仅有一人、与朋友在一起以及众多素不相识者在一起的情况。

这时，我们发现的这些活生生的案例均可以视为自然发生的实验。如果在同样条件下发生了同样的事件，那么实验中得到的因果关系可以在其他实验中反复确认和检验。比起默然地在一旁观察实验（结果和数据），有意识地从自然中观察似乎更能得到有意义的启示。

重复试验的逻辑

所谓"重复试验",是指他人进行过实验之后,自己在同样的条件下重复该实验。例如上文提到的"旁观者效应",重复试验就是检验同样的案例如果发生在其他国家或地区,或者在另一种设计的危机情况中,相同的结果是否会发生。这类对实验进行重复检验的工作被称为"重复试验",也被称为"水平重复试验"(lateral replication)。以第 1 章中关于物体是否会浮在水面上的实验为例,如果是大而轻的物体,那么无论形状是正方体还是四角锥体,都可以浮在水面上。这就是水平重复试验的逻辑。

如果我们有意图地假设一种因果关系不能成立,那么对此状况进行检验的实验被称为"逻辑重复试验"(logical replication)。继续以第 1 章的实验为例,如果物体是"大而重"或者"小而轻"的,就要通过"重复试验"确认该物体不会浮在水面。

案例研究跟自然实验是一个道理。因此,案例研究过程中的因果机制不是根据统计学的逻辑获得,而是根据实验的逻辑获得的。统计学的优越性在于不断地增加观测数量,从而获得统计学意义上的准确性,而基于实验原理的案例研究则是通过系统性地控制变量来检验预想结果的准确性。相比调查对象的数量,案例研究更重视逻辑和案例选择本身。

继续以第 1 章的实验为例,"物体的密度比水重还是轻"是判断该物体是否能浮在水面上的重要标准。如果知道这样一条重要公理，那么即使是少量的实验也可以确定真理的正确性。

根据重复试验的逻辑，即使观测数量较少，也可以检验假说的正确性。[①] 这种方法也是检验例外（不可能现象）存在机制的最适当方法。

就社会科学而言，这种重复试验的主张自 20 世纪 70 年代开始盛行。[②] 在管理学领域，该方法的应用大约始于 10 年后的 80 年代（当然也有学者批判说，根据重复试验的逻辑找出环境相同的案例几乎不可能）[③]。当前，基于重复试验逻辑进行的研究已经获得美国管理学会的高度评价，并且有些研究获得了最优秀论文奖。

学术研究的启发

本章所要介绍的获奖论文是哈佛大学教授吉尔伯特对组织惯性的研究。[④]

在没有外力作用的情况下，惯性具有使物体运动保持不变

[①]　Yin, R. K., 1994. *Case Study Research: Design and Methods* [2ed ed.]. Sage.

[②]　Cook, T., & Campbell, D. T., 1979. *Quasi-Experimentation: design and analysis issues for field settings*. Houghton Mifflin.

[③]　Eisenhardt, K., 1989. Building theories from case study research. *Academy of Management Review*, 14 (4): 532–550.

[④]　Gilbert, C. G., 2005. Unbundling the structure of inertia: resource versus routine rigidity. *Academy of Management Journal*, 48 (5): 741–763.

的性质。地球的自转运动就可以视为惯性的代表案例。在没有外力的作用时，静止的物体始终保持静止，而匀速运动的物体则始终保持匀速运动。惯性是该运动规律的具体表现，物体的质量越大则惯性就越大。

组织的惯性也基本上是相同的道理。在没有外力的情况下，组织的运营具有持续性（不太容易发生变化）。并且，组织规模越大，惯性就越大。

当然，组织与物体的不同之处在于，外部力量不会单独作用于组织。所谓组织，是有意识思维的人类（或者人类行为）的集合。没有人类的意识和行为，组织的运动不会发生变化。即使组织面临前所未有的巨大变化（即外力作用），只要没有感到威胁，组织本身就不会有任何变化。此外，即使感受到了危机，如果不采取任何行动，组织本身也不会有任何变化。

那么，当组织面对一些前所未有的巨大变化且该组织的人员感受到危机时，他们会有怎样的反应呢？他们会重新审视自己的行为方式，还是继续保持固有的行为方式不做任何改变？对于这一问题，学术界大致有如下两种不同的观点：

- 感受到危机时，组织的惯性会减弱并促进变革（惯性减弱说）。
- 感受到危机时，组织的惯性会加强并阻碍变革（惯性强化说）。

支持"惯性减弱说"（本书姑且这样定义该说法）的研究者认为，危机会促使组织内的人员重新审视战略和组织运营。如果业绩不佳，那么改变战略的可能性随之增加，因为在一帆风顺的环境下，一般人不会想到要改变自身战略。

与之相对，支持"惯性强化说"（本书姑且这样定义该说法）的研究者认为，以感受到危机为契机，管理者会强化对组织的管理，集中权力、精简程序并抑制实验性的行为。一些研究显示，面临危机时，管理者会担心变革所带来的损失，错过眼前的时机，因此会强化固有的管理体制。

是什么原因产生了如此不同的两类主张呢？

吉尔伯特认为，既往研究没有对惯性的类型进行有效的分类才产生了上述主张。他认为某些类型的惯性会因危机而减弱，而某些类型的惯性则会因危机而强化。也就是说，上述主张的分歧是由研究者对惯性的关注视角存在差异导致的。

本书将这类现象定义为"扭曲现象"并加以分析。某些方面减弱而另一些方面强化，这种现象自然会导致观点出现分歧。吉尔伯特通过采访调查、公司内部资料以及直接观察公司会议等手段搜集信息，以重复试验的逻辑对上述现象进行了 s 检验，并因此获得最优秀论文奖。

"扭曲现象"其实不仅仅在学术界被讨论。组织会推动一部分变革，阻挠另一部分变革，这也是让组织内成员最为困惑的问题之一。他们常常产生这样的疑惑："为何公司的决策看起来前后矛盾？"因此，对惯性的类属进行分析在应用层

授奖理由

《美国管理学会学报》2005 年最优秀论文奖

吉尔伯特在该论文中基于一个十分重要的疑问展开调查。这个疑问是：当业界面临一系列将要改变其行为方式的非连续性变化时，为何众多组织的自我革新都失败了？

在当前数字媒体兴起的背景下，吉尔伯特以传统报社为样本进行了分析。他认为，新媒体的威胁会导致报社采取强化资源配置（例如追加投资）。同时报社还会在常规操作程序上进行创新（例如对具有创新意识的人才进行有效管理）以确保报社的主体地位。吉尔伯特将强化资源配置和常规操作程序上的创新予以明确区别，在此基础上对既有的理解和认知混乱进行了有效整理。由于非连续性变化对于组织而言日益重要，所以吉尔伯特的研究从理论上和实证上都做出了巨大的贡献。

面上具有十分重要的意义。

惯性大致有两种类型，一种是资源配置方法上的惯性（资源的强韧性）。这类惯性较强时，新的资源配置方式恐怕难以实施，就会导致企业倾向于对固有的项目进行再投资，对一些具有前瞻性和风险性的项目的投资意愿较弱。还有一类惯性是业务操作上的惯性（路径的强韧性）。这种惯性也被称为有效利用经济资源获取最大收益的经营模式的惯性。一般来说，如果这类惯性较强，则业务操作过程上的变革会受到较大的阻碍。

吉尔伯特以 20 世纪 90 年代数字时代的兴起为背景，以美国报刊新闻业为案例对惯性引发变化的机制进行了研究。调查对象是报社设立在线新闻的案例。被调查的 8 家报社直属 4 家报业集团（见表 3–1）。

表 3–1　调查对象

母公司（化名）	报社（化名）	发行量	发行范围	员工数
灯塔公司	灯塔 A	25 万	地方	45 人
	灯塔 B	20 万	地方	20 人
报社	A 报社	50 万以上	广域地方	100 人以下
	B 报社	40 万	广域地方	60 人
评论者公司	评论者 A	50 万以上	广域地方	100 人以下
	评论者 B	20 万	地方	32 人
晨报	晨报 A	50 万以上	全国	100 人
	晨报 B	30 万	地方	41 人

针对数字化和网络化的外部威胁，传统报社在资源配置模式和盈利模式上会做出怎样的改变（或者说没有改变）呢？接下来笔者将参照吉尔伯特提出的假说，导入重复试验的方法予以说明。

危机和资源配置变化

吉尔伯特的假说（一）：对于迫在眉睫的危机，经营者能够克服资源配置的惯性。

一般认为，大概在 1997—1998 年间，美国的传统报社将在线新闻的兴起视为威胁。当时新闻报道的主流依然是纸质媒介。虽然读者和广告商还没有对在线新闻产生大量需求，但是传统报社的经营者已经感受到了新兴媒体带来的威胁。

吉尔伯特通过调查采访和查阅报社内部资料，对作为案例研究对象的报社是否有危机意识进行了调查。

调查结果显示，当时主流报社的经营者们不约而同地认为，以数字化为代表的新媒体发展所带来的变化会给报社造成冲击。"因互联网的兴起，收益额减半""报纸刊载的招聘、房地产和汽车广告有大约六成被互联网检索所取代""报社可以放缓步伐，但是不能放弃"等较为悲观的评价在调查中都有明显表现，可见管理层充满担忧。

作者调查的 8 家报社中有 7 家将在线新闻的存在视为威胁。同时，这 7 家报社都认为，无论是组织上还是财力上，都应该追随趋势发展在线新闻事业。即使在线新闻业务赤字持续扩大，报社也仍然持续追加对该业务的投资。大多数报社都在感受到危机的最初两年内，对在线新闻业务增加了 3 到 4 倍的资金支持。

在线新闻业务的员工数量也不断增加，甚至有些公司在 1998 年的前 8 个月将从事在线新闻业务的员工从 5 人增加到 40 人。报社对在线新闻的重视不仅体现在财力和人力上，公司在调查研究和研讨会议上也花费了大量的时间。虽然老主顾、老读者依然以购买纸质报纸为主，但是报社对新业务的投资如故。

管理模式的惯性

　　吉尔伯特的假说（二）：面临迫在眉睫的威胁时，报社管理权限的转移以及其他积极尝试受到限制，仅仅关注资源配置的改变，反而会使组织运营僵化。

　　与资源配置模式的变化形成对比的是盈利模式（路径的强韧性）。业务过程以及获得收益的路径很难发生变化。

　　报社管理者过分夸张的危机意识，促使公司总部的高层决策者加强管理。这导致了分社过度热衷于增加营业额（对既有盈利模式的依赖），而对一些新鲜的盈利模式持畏缩不前的态度。

　　本次调查的报社中，有 6 家报社的营业方针决定权由地方业务部门转移到公司总部。公司总部的管理部门（业务开发部、CEO 或新设立的在线业务负责人）控制了大多数战略管理决策。某报社的一名高层管理人员如此说道：[1]

　　　　我们对旗下的网站都有各自的基本管理模式。我们给他们提供资金支持，在必要的情况下也认可旗下网站自主雇用员工。但是，应该由我们来指示他们如何行动。

　　该报业集团曾经是往下层分权最多的公司，但是就在线业

---

[1]　本章引用的所有采访内容皆出自 Gilbert（2005）。

务而言，公司总部在积极投入资金进行支持的同时，却牢牢地控制着业务管理权，是"既出钱又掌权"的管理模式。

这种管理模式在其他报社也有呈现。例如，某公司的CEO亲自管辖堪称公司旗舰的在线业务。

还有一家报社的网站运营和管理都受到总部严密的预算计划及市场计划的束缚。一位负责在线新闻网站运营的员工这样说道：

> 总部要求我们集中精力开展在线业务，但是所有的指令和计划都来自总部。即使我们知道眼前的某些指令已经走向了死胡同，甚至会带来营业额的亏损，也不可违背总部的指令。

> 这种集中管理的模式往往会阻碍在线业务进行一些积极的尝试。例如，某报社的在线业务想要尝试一种新的收入来源，结果因公司总部的反对而未能实现。公司总部在营销战略、商业模式以及服务计划等领域太过于墨守成规、故步自封。

搞错方向却加倍投资

由于总部过早对在线新闻业务进行大规模的投资，导致报社很难根据形势对后续营业方针做出改变。最初阶段的决策出现错误，却碍于源源不断的资源流入，任由这种决策失误不断扩大，最终造成了"搞错方向反而继续追加投资"的讽刺性结果。

实际上，公司总部以较快的速度对在线新闻业务进行投资，组织运营上的路径和商业模式却没有及时改变，反而直接将公司总部的方式、方法运用到在线业务上。在这种情况下，虽然员工数量增加、经费支持加大，但是运营模式却跟过去一样。

最终，几乎所有的报社都只是把纸质媒体的运营模式原原本本地复制到了在线业务上而已。比如，刊登在地方报纸上的报道原封不动地复制到在线新闻上。在吉尔伯特调查的 8 家报社中，有 7 家在线新闻仅仅是把纸质内容挪到了网络上，大约 85% 的线上新闻都可以在报纸上阅读到。

一位报社的 CEO 这样说道：

> 将在线新闻视为纸质媒体的延伸这一说法本来是不正确的，但是我们的在线业务往往都是由［报社］新闻采编室的员工负责。作为编辑人员，他们都倾向于将在线新闻业务与传统新闻业务无差别地对待。

这种僵化不仅体现在报道的内容上，还表现在商业模式上。就盈利渠道而言，在线新闻不仅能收取广告费，还有其他各种潜在的收益。例如，过刊检索服务、电子邮件以及数据分析服务等都是潜在的收入来源。吉尔伯特的调查显示，报社以外的其他公司充分意识到互联网的这一特性，大约能够确保 5 类新的盈利渠道，这些盈利渠道占到总收益额的 40% 以上。与之形成鲜明对比的是，传统报社的在线业务仅仅依靠在线报纸销售和广告收入这两个盈利渠道（有一家报社是例外）。最终，这些传统报社对自己擅长的商业模式以外的盈利渠道视而不见，不知道究竟该如何获得盈利。

扭曲现象

吉尔伯特基于重复试验的构想进行了案例研究。结果显示，在 8 家报社中有 7 家感受到了威胁，其中 6 个案例发生了所谓的"扭曲现象"。

只有两个案例没有发生"扭曲现象"。这些案例的具体情况也有所不同，因此有必要先进行一些解释说明。

首先，晨报 A 报社没有把互联网的兴起视为威胁，相反，该报社认为这是一个重要的机遇。

晨报 A 是全国性报纸，并不主要面向某个特定的区域。但是，该报所占市场份额也不大。发展在线业务可以降低物流和印刷费用，该报社看重的是互联网的这一优势。

此外，该报社不像其他报社那样过度依赖纸质媒体常见的招聘、求职、商业广告等收入来源，即使推进在线业务，也不会导致纸质媒体失去太多的收益额。因此，无论是资源配置还是运营方式，都减弱了固有的惯性。可以说，该案例从逻辑上验证了吉尔伯特的假说（逻辑重复）。

还有一类企业尽管感知到了互联网的威胁，但是采取了不同的应对方式，比如 B 报社的在线业务。B 报社虽然感知到了威胁，但没有发生"扭曲现象"。其中有一些特殊的理由值得说明。

从例外案例中学习

B 报社的管理层一开始也跟其他报社一样，认为在线业务同传统纸媒没什么区别。但是不同于其他同行，该报社的在线新闻内容没有完全复制报纸。

究其原因，该报社的 CEO 得到其私人关系圈的一些建议。

这些行业外的朋友没有把在线新闻视为对纸质媒体的简单复制。这位 CEO 的朋友多就职于旧金山硅谷，他在做一些战略性决策时都会征求这些朋友的意见。同时，该 CEO 还将一些在硅谷从事过新媒体业务的高管聘为报社董事，帮助报社展开新的业务。

新设立的企业虽然是 B 报社总部 100% 出资的子公司，但是俨然是一个独立于报社总部之外的组织。子公司的高管皆是从外部选聘的精通新媒体业务的精英，他们专门成立了负责在线广告业务的部门并增加了雇员。同时，为了建立与传统媒体不同的印象，他们创立了新的品牌，办公地点也搬到离原报社约 1 千米的地方。虽然也有一些雇员是从原报社派遣而来的，

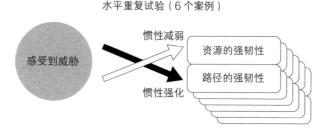

图 3-1 感受威胁后所产生的惯性减弱的"扭曲现象"

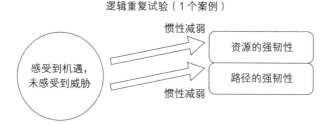

图 3-2 感受机遇后所产生的惯性减弱

但只是为了确保分享新闻采编室的一些重要信息，无论结构还是运营上，该子公司都与母公司截然不同。

与纸质媒体的新闻内容不同，该在线网站从一开始就引用了地方的新闻和信息，有 50% 以上的内容都不是来源于母公司的纸质新闻。该网站开设了一些在报纸上阅读不到的栏目，向读者提供数字媒体特有的互动工具（比如交通网络摄像头、数据库检索、双向互动的论坛）等。

针对网站与报纸的差异，网站编辑这样说道：

追加逻辑重复试验（1 个案例）

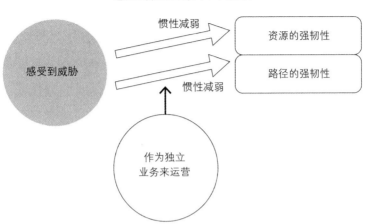

图 3-3　独立所产生的惯性减弱

　　当前，网站上与纸质媒体相同的内容仅占总量的 1/3。我们越来越像从报社独立出来的公司。我是从报社过来的，十分喜欢报纸。但是，我们已经成为另一个团队，朝着另一个方向开展我们的业务。母公司的新闻报道固然有价值，但是我们有时也从其他报社那里买一些报道内容。

　　该网站开发了与以往不同的获利渠道。例如，对旧新闻报道进行收费检索的服务、电子邮件的运营以及数据分析的收费服务。对于其他报社而言，能增加 1 个获利渠道已属不易，该网站却增加了 3 个。该网站在革新方面可能不如那些刚加入新闻行业的企业，但也成功地建立了新的商业模式。

　　那么，除 B 报社之外的其他 7 个报社在展开新业务时是否也曾讨论过成立互联网初创公司？

外部意见的重要性

　　吉尔伯特的假说（三）：面临断断续续的变化而准备做出对策时，如果能够接受来自外部的影响，那么新成立的公司倾向于从总部独立出去。

　　吉尔伯特的调查显示，实际上，所有的报社都对该问题进行了比较充分的探讨，但是发展成为独立组织的仅 B 报社一家。其他的报社强调新公司与传统纸媒的相乘效应，最后都决定将初创公司置于母公司的伞下。例如，某报社 1990 年的在线新闻业务曾这样计划：

　　推行的新业务必须与传统纸媒相结合。自立门户的尝试必定会遭受致命的打击。

　　同样，另一家公司这样说道：

　　我们的基本战略是统合战略。就地方的信息市场而言，纸质媒体无疑占据优势地位。如果将在线业务同传统纸媒分割开来，这种优势地位也将消失。

于是，除 B 报社之外的其他 7 家报社的在线新闻业务无一例外地采取了统合化的道路。

但是，从最终的结果来看，超过半数的报社都背离了当初的决定。当初采取统合化路线的 7 家报社中有 4 家最后将在线业务独立出去。

独立出去的 4 家在线业务均从外部雇用管理者和合伙人，或是受外部人士的影响。因为这些从外部聘任过来的员工和管理者提出了明确的要求，如果不把在线业务从总部彻底独立，他们不会对在线业务进行投资和管理。

剩下 3 家报社的在线业务没有受到外部的影响，始终置于报社的统一管理之下。

独立的在线业务可以更加便利地创造在线业务的获利机会。据一家在线业务的负责人称："独立之后，过去那些想要抓住而未能抓住的商业机遇如今都实现了。"

自然实验

接下来，我们对案例以及假说进行总结。表 3-2 所呈现的是 8 家报社在感知到数字化威胁时打破惯性寻求变革的过程。

就假说（一）而言，除晨报 A 之外，其他 7 家报社在面临危机时都不同程度地克服了惯性，实现了新的资源配置（水平重复试验）。

就假说（二）而言，各报社对威胁的感知反而强化了惯性。允许新的资源配置的同时，商业模式固化。对 6 家在线新闻进行的水平重复试验验证了该假说。

在 8 家报社中，仅有 B 报社和晨报 A 这两家报社表现出不同的倾向。作者对这两家报社的解释也十分具有说服力。晨报 A 报社并不认为互联网的兴起是威胁，而是把它当机遇，所以该报社成为例外可以说得通。而 B 报社在最初就确保了在线业务的独立性，避免了"扭曲现象"，从而减弱了惯性。这两个案例通过"逻辑重复试验"验证了假说的正确性。

就假说（三）而言，正如吉尔伯特最初预想的那样，接受外部建言或外部介入的在线业务更倾向于从总部独立。即使有些在线业务最初被统合到传统纸媒的框架内，但是随着它们接受外部意见，开始转向独立运营。与之相反，那些没有受到外部建言的在线业务则一直作为报社内的一个部门而存在。也就是说，如果从外部聘任来的员工和管理层不提出（独立的）主张，在线业务是不会发展成为独立运营模式的。这一点不存在其他例外。

吉尔伯特在该项研究中所选取的案例就像实验所证明的那样，通过重复试验彻底验证了假说的正确性。在学术研究领域很少能找到如此贴切且能够被重复试验所证明的案例。这种基于自然实验而选取案例的方式，加深了我们对某一现象的理解，而这是其他方法很难做到的。

表 3-2　对三个假说的重复试验

报社（化名）	对威胁的感知	假说（一）资源配置的惯性	假说（二）盈利模式的惯性	假说（三）外部影响和独立倾向
		↗=惯性减弱		↘=惯性强化
灯塔 A	○	↗（水平）	↘（水平）	无（统合）→有（独立）
灯塔 B	○	↗（水平）	↘（水平）	无（统合）→有（独立）
A 报社	○	↗（水平）	↘（水平）	无（统合）→有（独立）
B 报社	○	↗（水平）	↗（逻辑）	有（独立）
评论者 A	○	↗（水平）	↘（水平）	无（统合）
评论者 B	○	↗（水平）	↘（水平）	无（统合）
晨报 A	×认为是机遇	↗（逻辑）	↗（逻辑）	无（统合）
晨报 B	○	↗（水平）	↘（水平）	无（统合）

学术研究范式

吉尔伯特的研究有着近乎完美的调查设计，该论文最终获得了最优秀论文奖。该论文的精妙之处主要体现在如下几个方面：

第一，为了对案例进行有效控制，该研究选取了几乎同一时期成立的 8 家在线新闻业务作为案例进行分析。

- 各报社报纸发行量均在 20 万 ~ 50 万份。
- 各报社都拥有当地发行量最大的报纸，不存在彼此间的竞争。
- 互联网的普及率各地区有差异，但差异不到 10%。
- 各报社的在线新闻业务均始于 1994 年到 1996 年间。

如果各报社的情况和面临的地域环境不同，那么案例分析操作起来就会很困难，关注的焦点就无法集中在对危机的感知上，其他的原因（业务规模、该地区的互联网普及率）也会影响到报社的政策制定和行动。案例研究是基于自然实验进行的，因此多个被实验者（案例）的情况要尽可能地统一，这样才能确保对变量的有效控制，最终提高假说的准确性。

第二，就研究而言，调查对象中当然也包括失败的案例。但是，吉尔伯特在研究中巧妙地回避了失败和成功等措辞，而是用 4 个革新型初创公司和 4 个保守型初创公司来表示。

调查失败案例相当困难。当事人往往不愿提及失败，相关信息的质和量都会比较差。然而，假如不与失败案例进行比较，仅仅从成功案例中探寻原因，我们对真相的理解就有可能产生偏差。尽管很多人认为，只要找到成功案例的相通要因就足够了，但确认失败案例不具备该要素也是非常有必要的。

第三，该研究通过采访高层管理人员、查阅业务计划书等较高机密级别的内部资料搜集信息，主要的信息来源为采访、阅读报社内部资料、直接观察这三种方式。就采访而言，共计进行了 62 次采访（其中 11 次为电话采访），对象涉及母公司、报社以及互联网初创公司的负责人等。为了避免个人偏见，作者仔细斟酌了这些采访对象提供的信息，同时采用公开的 1500 份资料作为佐证，以确保采访结果的中立性。

就报社内部资料而言，吉尔伯特翻阅了众多内部档案，包括在线业务相关的计划书、内部手稿、顾客名单等重要信息。至于直接观察，主要的对象则是发生的 24 个事件进行了观察。

第四，该论文通过严格的步骤提出假说，并进行了细致的检验。首先，通过实验调查（pilot survey）对革新型的在线新闻和保守型的在线新闻进行比较。作者从这些比较中推导出假说，并决定观察上述 8 家报社的案例数据。观察的要点就是上文假说所揭示的内容。然后分析案例的数据部分，采用归纳法并附之相关文献进行解释说明。最后，将发现的相互关系对样本进行确认，并采用重复试验的方法对假说进行检验。

关于案例研究的一点建议

吉尔伯特对变量进行有效控制并对具有可能性的理想案例进行慎重选择，通过充分的数据搜集和严格的操作程序，完成了对"扭曲现象"的考察。这种高水平的研究得到管理学会的高度评价，并获得最优秀论文奖。

当然，对于一些商务应用人才而言，他们的目的不是拿奖，而是在需要的时候可以活学活用这些具有高度参考价值的材料。在此笔者有两点建议可供参考。

重复试验的设想

第一点，基于自然实验的设想对案例进行重复试验十分重要。关于重复试验，只要掌握了要领，操作起来并不困难：在头脑中构建一个假说，然后进行观察即可。谁都会在头脑中设想"这样做会成功""那样做会失败"等各种可能性，将这些设想用语言表达出来，通过观察各种案例证明这些假设正确与否。这就是重复试验。

例如，如果你认为"好的领导会信任自己的下属并对下属委以重任"，那么，那些认为"好的领导在任何场合都会给自己的下属明确指示"的人肯定觉得你的设想是不太可能的。

要检验该假说的正确性，就需要寻找一批所谓的好领导，观察他们是否信任下属并愿意委以重任。"这个领导确实对下属比较信任""那个领导也一样"等，通过重复试验来检验假说。

只要从逻辑上明确了自己的设想，即使是很少的案例，也可以获得具有真实性的结论。例如，要想检验"何为有能力和有责任的下属"，可以假设这样的下属"应该不会太拘泥于领导的各种指示，也不会计较眼前的利益得失，而是享受工作的乐趣和价值"，或诸如其他。

"基于何种目的选择案例"往往比"选择多少案例"更为重要。因为后者是在没有明确要观察什么的前提下进行的案例搜集，会导致"事后诸葛亮"式的假说。要杜绝这种情况，首先必须确保"明确了假说之后再进行观察"。

当然，为了证明自己假说的正确性而只选择能印证自己想法的案例也是不可取的。在选择案例的时候，还要注意这些案例所处的环境以及案例本身的性质是否符合研究设计的条件。不能因为在同一状况下具备相同条件，就理所当然地认为案例结果必然相同。

就信息而言，其实一般的书籍以及杂志报道也具有十分丰富的信息量。如果能够跟踪领域内的动向，必定获益不少。像吉尔伯特那样能够对众多知情人士进行采访的毕竟是少数，如果有这样的条件去采访，操作起来当然会更加简单。对于学术研究而言，一些非官方的信息或许不太可能作为论据，但是对于一般的业界人士而言，只要能够获得有益的信息，不需要介意消息是否官方，我们完全可以充分利用非官方渠道的信息。

重复试验后的考察

第二点是重复试验进展不顺利时的考察。例如，前文所举的例子中，当我们搜集了众多信息，并对各种类型的领导进行观察，发现了跟最初的假说不吻合的情况。诸如有些领导认为凡事都委托给下属并不是好事情，还有些领导认为不对下属的工作予以明确的指导有失领导风范等，这些都属于偏离假说的现象。

那么，究竟怎样进行考察才能得到十分有见地的结论呢？

问题的关键在于弄清楚在何种时候、何种场合，何种领导能力是有效的。不对具体的脉络背景（context）进行考察，我们很难得出统一的结论。例如"在这种场合下委任是有效的""在另一种场合下则需要严格的监督和指导"等，我们要区分具体情形之后再进行逻辑上的思考，只有这样，才能知道诸如"对既无能又懒散的下属进行明确指示和监督的领导才是好领导"等。

吉尔伯特的研究正是用这样的方式对具体问题进行具体分析的。针对同一事件，有人认为是威胁，也有人认为是机遇，他们在逻辑上有着明显的不同。

推崇在实务中展开自然实验的安德森和史密斯特在《有效商业实验的分步指南》一文中曾经这样写道：

> 甄别和分析自然实验的要点在于，如何选择那些受到外部因素干扰而自然形成（并非为了配合实验而有意组成的）的问题群和参照群。[1]

然而，对"水平重复试验"进行永无止境的重复没有意

---

[1]　Anderson & Simester, Ibid.

义。在这种情况下，从逻辑上推测一些可能导致相反结果的案例，从另一个侧面来检验也是可行的。基于自然实验的构想展开的案例研究，重要的是逻辑而不是数量。

第 4 章

在日本有一个被称为"创刊男"的企业家——冈田学。他在著名人力资源公司"Recruit"① 任职时，认真听取来自职业女性、工程师、大学生、女子高中生等各个阶层读者的意见，并组织创办了 14 份刊物，成为当时领导时代潮流的媒体人。他是公司内部挖掘出来的创业者，也是曾经成功开发了 8 个新业务市场的达人。

冈田先生 45 岁的时候从 Recruit 公司提前退休，创建了名为"游学"的公司。② 现在冈田仍然担任该公司的经营顾问。

笔者有幸跟冈田先生面谈过。他本人对调查方法特别感兴趣，而采访就是他最青睐的一种方法。冈田先生本人在对他人进行采访时，话题必定会涉及对方的生活。在他看来，采访可以不必是程式化的僵硬问答，相反，可以在谈笑风生中愉快地进行。在这种轻松愉快的氛围下，对方往往能够不经意地说出一些真实想法，而这些正是采访者最需要得到的

① Recruit 是日本最大的人力资源管理公司，主要通过广告、出版以及互联网等方式开展人才介绍和教育咨询等业务。
② 日文为"あそぶとまなぶ"，中文直译为"游戏和学习"。——译者注

信息。

冈田在出版的一本关于经营管理策略的书中这样写道：

> 是选择以高雅为主打的雷诺阿、罗多伦？[①]还是去无烟的星巴克？又或者是朝九晚五工作之后白领常去的居酒屋？（中略）一定要选择让对方心情舒畅的场所。"对方中意的地方"最为重要。如果是女高中生，那么连锁快餐店的二楼或许更好。

此外，还要仔细留意采访对象的佩饰、穿着、言语和表情，随之选择具体的接待方式。

> 如果对方表现得比较亲切，那么就以平等的立场与之对话。如果对方表现得盛气凌人，那么就把自己当作同行与之对话，并且要以不损伤对方自尊心为前提。

像这样设身处地为对方着想，进入对方的生活空间，往往能让采访更顺利地推进，并最终获得需要的信息。生活空间是指受访者作为自然人所置身的空间，根据对方的需求选择对方常去的场所或相像的地方进行采访，有助于消除对方最初的紧张感和戒备心，甚至让对方忘记自己是在接受采访。

---

① 雷诺阿（renoir）和罗多伦（doutor）是日本知名连锁咖啡店品牌，以高雅、开放和闲适著称。——译者注

顺便说一下，一些企业开展的采访，背景往往是一面白墙，加上会议室的办公桌，这可能是效果最差的面对面访问。采访者可能以为在这种特殊的环境下或许会问出点什么东西来，但往往事与愿违。即使采访到了一些要点，恐怕也不会对自己的管理有实质性的帮助。因为在采访的过程中，受访者可能会有意识地说一些客套话，或者在无意间说一些无关紧要的内容，总之不是对企业管理有帮助的内容。

冈田的管理哲学要点在于，要想获得本质性的发现，比起压迫式的调查采访，布置一个能够让对方打开心扉的现场环境更重要。也就是说，如果没有一个能够让对方感到收放自如的环境，采访中极有可能错过那些特异之处，即我们所谓的"黑天鹅"。

学术领域也是如此。就学术研究而言，最理想的采访依然是在现场观察，或选择相似的形式进行采访。因此，本章想要介绍的是如何通过现场调查发现一些意外事实。

学术研究的启发

这里要介绍的研究论文是一篇关于现场观察和调查采访的范文。

我们如何判断一个人的潜在创造性呢？时任加利福尼亚大学戴维斯分校副教授的金伯利·埃尔斯巴克（Kimberly Elsbach）和斯坦福大学教授罗德里克·克雷默（Roderick

Kramer）把关注的视角投向那些重视发掘创新型人才的产业。[①] 在该文中，他们选择的是因电影和电视产业而在世界知名的好莱坞。

在好莱坞，编剧要在"推介会"（pitch meetings）上展示其剧情构想。在这一场合中，作为"投手"的编剧面向作为"接球手"的制片人或电影公司负责人兜售他们的想法。当然，这些编剧大多是无名小卒，尚无资历。因此，在推介会上，作为"接球手"的制作方只有通过面谈等形式来判断编剧的潜力。由于剧本的好坏关系到制作成本，因此这种判断十分重要。

埃尔斯巴克和克雷默近距离观察了现实中的"推介会"，研究了制片人和电影公司负责人在面试中如何判断编剧的创造性。美国管理学会对他们的研究予以高度评价，并授予最优秀论文奖。官方的授奖理由如下文：

┌─ 授奖理由 ─

《美国管理学会学报》2003 年最优秀论文奖

　　埃尔斯巴克和克雷默通过"现场调查"（field study）的定性手法，找出了专家在考察编剧创造性时所采用的"原型"（prototype）。作者以深切的洞察力设计研究，并揭示了令人广泛思考的结果。他们的论文刊登在 2003 年 6 月出版的 AMJ 上。

└────

① Elsbach, K. D., & Kramer, R. M., 2003. Assessing creativity in Hollywood pitch meetings: Evidence for a dual-process model of creativity judgments. *Academy of Management Journal*, 46 (3): 283–301.

评论短小精悍，却包含了两条重要信息。

第一，现场调查。以往对创造性进行的研究往往是在实验室里以学生为对象。就演艺界而言，给出艺术家的大头照，然后让学生用一个贴切的形容词来形容该演员（比如热情或有个性等），据此来判断学生是否具有创造性，这是既有的一种分析框架。那么，这种在实验中得到的认识是否符合真实世界的情况呢？埃尔斯巴克和克雷默将他们的研究置于现场语境中对该问题进行了考察。

第二，原型。实验室研究会把一些已经是创造性人才的人视为"原型"。例如，很多人都会认为史蒂夫·乔布斯是具有创造性的人，并将其视为创新型人才的象征。那么，当我们判断一个人是否具有创新意识时，如果他的言谈举止等都与乔布斯相接近，那么可以据此判断此人具有创新性。这里的乔布斯就是一个原型。原型对于评价他人是否具有创新性有重要的参考价值。潜意识原型可以成为一种判断基准。

二元评价模型

在介绍案例之前，我们先对该研究的基本构思进行解释。在评价一个人的创造性潜力时，"接球手"会首先观察"投手"的特征，即观察其人品风格以及行为态度等，然后与自己脑海中的原型进行比较，看有哪些地方近似并据此推论其创造性。

例如，如果"投手"十分有热情、有个性且经常会采取一些意想不到的行动，那么可以认为是一个创造性人才（参见104 表 4-1）。相反，如果在对"投手"的言谈举止予以观察后发现，"投手"徒有其表或者言行不一、装腔作势，则可以认为该"投手"是扶不起来的，或者说没有太高的创造性。

当然，对创造性的判断不只基于这一点，还有一个经常被疏忽的判断基准。埃尔斯巴克和克雷默的研究最大的贡献就是对该判断基准的形成过程进行了考察。他们发现，在观察"投手"和"接球手"的互动之后，如果不对本人进行采访，恐怕还是不能发现一些创新性。

他们将上述两个过程作为判断基准的方式称为"二元评价模型"。

该研究对一些在好莱坞发展的人进行了采访，并引用了一些有见地的评价。本书将对这些采访进行介绍。

如何判断创造性

对于任何一个组织来说，有创造力的人才都是不可或缺的。他们身上具有知性、幽默感，还具有领导气质。另外，创造性对于提高产品及服务的品质、做出正确的决策、顺利解决问题等都有积极意义。因此，无论何种组织都愿意雇用那些具有创新潜力的人才。

当然，要发掘并雇用具有创造性潜力的人才也非易事。固

然有些人才已经取得了一些成绩且在同行中口碑极好，但这些
人毕竟是少数。而那些新手还没有任何成绩可以展现，招聘方
不得不通过各种途径对他们进行考察。

虽然当前我们有很多心理测试用来评估创造性，但大多都
没有得到大规模应用。即使是美国的一些专业人力资源公司，
也只有少数采用心理测试。采用了这类方法的公司一般都比较
重视面对面采访，这种面对面采访最终极有可能得出一些主观
评价。

评判一个人的创造性除了主观评价就别无他法吗？管理学
中目前尚未有研究系统地考察创造性的评价方法。因为在学术
圈内，对于以何种属性和行动作为切入点来研究创造性的评价
方法还存在争议。

因此，埃尔斯巴克和克雷默在研究中也考察了专家是如何
判断他人的创造性的。

判断的第一步

在社会关系中，人们是如何判断包括创造性在内的各种特
性的呢？在思考这一问题时，有一个可供参考的理论是"社会
性判断理论"（social judgment theory）。该理论认为人们在判断
他人的能力以及特质时往往会与心目中的"原型"进行比较，
在此基础上做出评价。对创造性的评价有较深造诣的康佐夫
（Joseph Kasof）对"天才"有如下描述：

　　失去听觉的作曲家、身体麻痹的天体物理学家、从身无分文到拥有亿万财富的创业者、7 岁的作曲家、没有受过任何指导就有创造性发现的年轻科学家、贫困潦倒且没有接受过任何训练的画家等，这些人之所以被认为是天才，不仅是因为他们的创造能力，更在于他们能克服身体、心理以及环境上的各种束缚奋斗成才。[①]

伟大的作曲家贝多芬、著名的物理学家霍金，我们以这些具体人物为中心刻画出天才的形象。在不知不觉中，这些人成为我们心目中创造性潜力的"原型"。如果有些人的行为以及特性跟脑海中的"原型"比较接近，我们就会不由自主地认为他可能就是"天才"。

当然，相同的道理也可应用在相反的案例中。如果不具有创造性潜力的人和我们脑海里那些"不具创造性的人"的原型进行比较，我们也可以轻松判定该人不具有创造性。

7 个原型

接下来将以好莱坞的"接球手"（制作方或电影公司人员）和"投手"（编剧）的语言分析为例，对这些原型予以考察

[①]　见前引 Elsbach & Kramer (2003), p. 292；康佐夫的原文参见, Kasof. J. 1995. Explaining creativity: The attributional perspective. *Creativity Research Journal*，8：317。

说明。

该研究对对象人物原型的推导以及标签化的过程大致如下：

（1）通过采访、阅读推介会记录、推介会相关课程及书籍获取数据，并进行精确分析，从中提取关键词，在此基础上寻找能够判断创造性潜力的线索和启示。

（2）通过采访、现场观察以及文字资料这三种信息源获取关于创造性评价的线索和启示，在此基础上寻找更加充分的证据予以论证。如果三种信息源均对"有热情"这一点给予重视，那么"有热情"或类似特质就可以视为具有较高创造性潜力的证据。如果三种信息源都没有类似体现，那么它就不足以作为证据。

（3）将被调查者使用的语言作为原型予以重视。例如，"这是个会讲故事的人"或者"这个人在推介会现场编故事很在行"等，可以对其赋予"叙事者"（story teller）这一原型。

在这一分析中，要考察"投手"具有创造性潜力的一些线索，有如下关键词可供参考：有特性、非同寻常、热情、难以预测、极端、不可知、有点像作家、机敏过人、卡里斯马型、十分自然、很搞笑等。

与之相反，评价"投手"不具备创造性潜力时的一些线索，有如下关键词可供参考：徒有其表、太做作、好枯燥、失望极了等（参见表 4-1）。

关于原型，至少有如下 7 个原型：

表 4-1 与人物相关联的 7 个原型

原型 (prototype)	线索 (cues)	"接球手"所认为的 潜在创造性
艺术家	新颖、非同寻常、不可预测、有热情、极端、幼稚等	高
叙事者	有剧情、像作家一样、知性、卡里斯马型、十分自然、搞笑、有热情等	高
节目运作人	卡里斯马型、知性、有热情、比较自然等	中
新手	有热情、年轻、极端、幼稚等	中
熟练工人	像作家一样、有剧情、比较自然、太过于官方和形式化等	中
交易者	卡里斯马型、商业主义、傲慢等	中
不会创作的人	只会嘴上功夫、徒有其表、好枯燥、失望极了等	低

原型 1：艺术家

大家是否知道伍迪·艾伦（Woody Allen）？他是一名才华横溢的编剧，同时也是一名导演兼演员。他在 1977 年凭借影片《安妮·霍尔》荣膺奥斯卡最佳导演、最佳原创剧本和最佳男主角三项大奖。[①] 他担当编剧的《汉娜姐妹》（1986）、《午夜巴黎》（2011）相继获得最佳原创剧本奖。

艾伦的电影虽屡受奥斯卡青睐，但他本人几乎从不参加包括奥斯卡在内的电影颁奖典礼。唯一的例外是美国纽约发生

---

① 实际上，伍迪·艾伦只是凭《安妮·霍尔》获得最佳男主角提名，并未获得该奖项。该影片最终获得最佳导演、最佳女主角、最佳原创剧本、最佳影片四项大奖。——译者注

"9・11"恐怖袭击后的 2002 年，艾伦意外地出现在了现场，向电影人呼吁不要因为恐怖袭击而放弃纽约。

提到艺术家，一般人都会觉得应该像艾伦一样，有一种十分怪异的先入观，并且不仅限于言谈举止，甚至连社交方式都是如此。在好莱坞，剑走偏锋、我行我素且偶有不安等表现恰恰会给"接球手"一种"内心世界丰富"的感观。某制作人这样说道：

> 有些时候，那些看似其貌不扬的编剧往往能写出好的剧本，因为他们揣摩自己的内心世界，而这种丰富的内心世界让他们能创造出好的剧本。他们认为出席各种活动或者显摆自己是在浪费时间。[①]

埃尔斯巴克和克雷默将此称为"伍迪・艾伦效应"。一般来说，有创造性潜力的人必然有着较好的沟通能力和自信心，不安则被认为是妨碍创造性的。但是，有意思的是，作为"接球手"的制作方却反其道而行，他们将主流观点的反面（不那么老练沉稳、有些慌张不安等）视为创造性的判断标准之一。

原型 2：叙事者

当然，并非所有的原型都是打破常规的类型。那些通过正常的叙事技巧取胜的线索对于创造性原型而言也十分重要。一

---

① 本章对采访的引用皆出自前引 Elsbach & Kramer（2003）。

些专家将作家风格的行事作风与创造性原型联系起来，比如在推介会上使用隐喻、诗歌等表现形式来展现自己剧作的魅力。这就是所谓的"叙事者"原型。他们对应的原型是"具有高度概念的创作人以及兼具理论和实战能力的那一类人"。

例如，有一位编剧在推介会上不仅设计了电视剧的剧情场景，甚至连声音和味觉效果都展现得淋漓尽致。这就是"叙事者"原型的判断依据。制作方也对该编剧的创作能力给予较高期待。一位经纪人这样说道：

> 我真正尊敬的编剧是那些能够痛痛快快、酣畅淋漓地讲故事的人。即使是初次见面，他也能在推介会上着力宣传自己剧作的卖点。比如在故事开场的时候，他不会说"这是一个关于一对男女的故事"，而是展现给观众这样一幅景象："疾驰的汽车突然间被后面的车追尾，车内有一对男女"，以这种手法来表现故事的情节。在场的观众在看到该场景后估计也会不自觉地惊呼。

原型 3：节目运作人（show runner）

节目运作人不仅要会讲故事，还要能够团队合作，在节目制作中与制片人以及其他编剧有机协调。节目运作人的原型通常是"分集剧情的编剧，以及能够有效协调剧情并发挥领导作用的人"。制作方通常对这些人寄予中等程度以上的创造性期望。

节目运作人必须具备卡里斯马型个性以及专业认真的态度，同时还能够协作完成团队工作。就创造性而言，这个职位可能比不上"艺术家"和"叙事者"，但是在好莱坞却被寄予较高的期待值。一位娱乐公司的工作人员对"节目运作人"的意义做出如下阐述：

> 有好的想法、具备讲故事的能力固然重要，但是仅有这两点并不能创作出优秀的作品。因为一部优秀的作品显然还需要其他因素支撑，节目运作人就是重要的支撑要素。好的电视节目需要的不仅是能写出好剧本的编剧以及能讲出好故事的叙事者，还需要节目运作人将这些融入电视节目中。这是一项繁烦琐但重要的工作。

原型 4：新手（neophyte）

作品略显经验不足或不够成熟老练，是新手的弱势，但有时候可能成为他们的长处。涉世未深也可能成为新手尝试新鲜事物和激发创造力的触发点。如果一名经验尚显不足的新手编剧能够在设定的场景中充分发挥自己的智慧和热情，那么他就可以被归入"新手"的原型，而我们可以对其创造性赋予中等程度的期望值。

描绘新手的评语通常有"年轻写手，虽然有新鲜观点，但缺少实战经验"等。一位经验丰富的制作人这样说道：

很多编剧新手都比较单纯，而正是这种单纯使他们能够尝试新事物、写出新剧。

原型 5：熟练工人（journeyman）

虽然没有很高的创造性，但是经验丰富，临场发生意外时能够灵活冷静处理。具备这种能力的编剧被称为"熟练工人"，他们通常被描绘成"虽然没有概念和观点意识，但是擅长实践以及商业运作的编剧"，其创作潜力一般只是中等程度。

在一些相对成熟的电视剧和电影系列中，如果临时发生需要改变剧情等意外情形，这些被认为是"熟练工人"的编剧就可以发挥重要作用。一位同行对这类被视为"熟练工人"的编剧如此评价：

> 这些"熟练工人"虽然只相当于临时编剧，但是他们的资历却很深。一些 30 来岁的年轻人可能不愿意跟这些临时编剧打交道，甚至都不愿意跟他们一块用餐。但是，这些年轻人不得不尊敬这些"熟练工人"，因为他们总是能够在危难的时候充当救世主的角色。年轻人虽然不希望这些临时编剧时刻都在自己身边，但是万一遇到意外，临时编出好的剧本（至少不至于失败）还得指望这些临时编剧。

原型 6：交易者（dealmaker）

相较于剧本和艺术性，交易者往往是"擅长交涉和有效经营"的原型。交易者一般被赋予"擅长将他人的观点推销出去并且积极展示商业价值"等原型。这类编剧较之创作出原创性的剧本，更善于从商业的角度对剧本进行推广。这一类原型的"投手"一般被认为能成功售出其他编剧的剧本，并且能够与其他编剧展开合作。

交易者类型的编剧熟知业界的专业用语，擅长商业推销展示，在推介会和展销会等场合十分自信。例如，有一位交易者这样说道：

> 发现电视台的弱点，并且有足够的信心说："我能解救贵台周二 8 点档节目收视率不振的问题。"这就像医生可以很自信地说出"我能有效治疗你的关节炎，你愿意听从医嘱吗"一样。然后，我会对电视节目中出现的问题对症下药。

交易者一般都是经验丰富且有能力的职业人士。他们一般来说在创造性上并不具有较高的水准，不同于一般意义上的艺术家类型，不具备个性与创作才能，但是在具体的问题上能够发挥积极的作用。

原型 7：不会创作的人（nonwriter）

在推介会上有些制作人会说"这人没有创造性"之类的话。这时与之对应的原型是"不会创作的人"。这类人士是

"那些不具备写作才能，只会用数字拼接的人"的原型。这些人在专业的编剧看来显然是不入流的。

如何判断一个编剧不会创作呢？大概有如下 4 种特征：（1）对自己的观点和主张缺少热情；（2）推介会上说的都是陈词滥调；（3）嘴上功夫很好，肚子里却没有墨水；（4）看不出作为编剧的潜力在哪里。

如果在推介会的开始阶段就表现出上述弱点，那么基本上"接球手"可以断定他是一个不会创作的人了，而且这种最初的消极印象会影响后续的表现。针对该问题，一位制片人这样说道：

> 第一印象十分重要。如果编剧在一开始就表现出对自己的创作不自信，或者说唯唯诺诺，企图用其他行动来掩饰自己在创作上的短板，那么这种意图一旦被发觉，挽回的可能性几乎为零。

任何一个微小的不合适的举动都有可能让制作人认为对方不具备创作能力。一位制作人结合自己的亲身经历对两位不具备创作潜力的编剧做出了如下评价：

> 我曾经遇到过两位女性编剧。她们在推介会上都戴了高价的帽子。在自家电脑面前创作剧本时，她们恐怕不会戴帽子吧。真有水准的编剧在推介会这样的场合也不会刻

意戴帽子吧！

相较于优点，一个人暴露的缺点似乎更容易被发现。这是因为在推介会上，制作人往往更容易在缺点上达成共识，而没有创造性这一缺点正是制作人最着重观察的。

判断的第二步

以上的分析验证了"社会性判断理论"的正确性。专家也跟实验室的学生一样，大都会对应心中的原型来判断一个人是否具有创造性潜力。

但是，埃尔斯巴克和克雷默也发现，这种依据原型进行判断的过程并不是唯一的方式。他们研究了现场搜集的采访数据发现，"接球手"的一些行动出乎他们的意料。

具体来说，"接球手"在这种场合不仅关注"投手"的言行举止，也会留意自己在多大程度上对推介的内容感兴趣。据此"接球手"有可能做出一些让人意想不到的评价。

这些评价会出现一些极端的情况，比如"今天我状态很好、兴致很高，这位编剧肯定很有创造力"等积极判断。当然，还有"今天状态不行，没有被吊起胃口，可能是编剧水平不行吧"等消极判断。

也就是说，原本与创造性毫无关联的制作方的心情和态度最终会影响他们对创造性的评价，当然这毕竟是少数。但一些机缘巧合打开话匣并聊得越来越投机的场合总是有的，又或者制作方对编剧提了一个好问题而恰巧编剧的回答又让人满意，于是就出现编剧获得较高评价的情况。比起对方的创造性，制作方的心情等主观原因导致给出较高评价的现象显然是有可能出现的。

这难道不算是意外发现吗？埃尔斯巴克和克雷默在调查中注意到，当"接球手"饶有兴趣地专注于推介的话题时，往往会给编剧以较高的评价。

也有一些因话不投机而评价较低的例子，最终这些编剧的剧本得不到制作方的采用。在这种情况下，这些被低估的编剧也不会感觉他们的才能被否定，因为在另一个推介会上他们的剧作可能会得到正确的评价，现实中这种咸鱼翻身的例子不胜枚举。

其实在大多数情况下，都是先由推介人发起话题（试图引起对方注意），然后才出现制作方表示对话题的兴趣。在推介人话题的刺激之下，制作方会抛出一些与之相关联的问题，但是推介人显然对这些问题事先心中有数。这是一种良性的互动。据此，埃尔斯巴克和克雷默将其称为"推介人和制作方关联性"的判断过程。

在发现这一问题后，埃尔斯巴克和克雷默所做的分析具体如下：

（1）与作为评价对象的推介人建立怎样的关联才有助于对推介人的创造性做出评价？针对这一问题，他们对经纪人、编剧以及制作人共 14 人进行了追加采访。

（2）让 14 名相关人员回忆印象深刻的关联，然后调查这种关联如何影响他们对推介人的评价。

（3）对那些作为创造性判断依据的关联进行分类并编码。

通过现场采访并展开分析，他们发现了如下评价机制：

如果制作人被编剧的剧情吸引并且积极参与讨论，那么制作人和编剧极容易形成"对等且高度合意的关系"，制作人会认为该编剧十分具有创造性。相反，如果制作人感觉编剧的推介不成熟，并且会不自觉地提供建言和指导的话，那么两者之间极容易形成"单方面的指导和建言关系"，制作人会据此认为该编剧并不具备创造性。

如此一来，制作人往往会根据自己在多大程度上被剧情吸引来确认自己同编剧的相互关系，并在此基础上判断该编剧是否具有创造性。制作人不再以制作人的立场做评价，而是以被剧情和话题所引导的个人身份来评价编剧的创造性。

就制作人而言，如果自己热衷于剧情和话题的讨论，并且在同编剧的讨论中产生"自我（self）/我们（we）"关系，那么制作人自然会认为"我们"是"对等且高度合意的关系"。相反，对于一些自己没有兴趣提问或者提问之后反而像是在教育对方的推介，又或者在编剧完全不能领会意思且纠缠不清的场合，制作人自然会认为双方是"单方面的指导和建言关系"。

制作人基于怎样的线索来判断自己同编剧的关系呢？埃尔

斯巴克和克雷默将这两种原型与线索相对应，具体见表4-2。

表4-2　与关联性相关的两类原型

制作人与编剧的关系	线索	制作人对创造性的判断
对等且高度合意	集中精力聆听 积极参与讨论 讨论中使用"我们""咱们"等词语 不断地提出问题 边点头边说"原来如此"或类似表示 给编剧提出自己的主张和想法	高
单方面的指导和建言	像上课一样教育对方 对对方的话题不关心 口头上的争吵和争议 要求对方最好按照自己的意见去做	低

对等且高度合意的关系

对等且高度合意的关系不是某一方创造出来的，而是在双方互动和相互作用的基础上产生的良性关系。因为某种机缘巧合或话题投机，制作人也积极地参与编剧的话题，并最终对编剧的创造力做出积极的评价。

至于如何判断制作人被编剧的话题所吸引，大致有如下两个线索可供参考。

第一是从认知上判断。如果制作人自身表现出积极为编剧的剧情贡献自己想法和建议，那么基本可以认为两人是"对等且高度合意"的关系。

第二种是从情感（情绪）上判断。如果制作人对编剧的话题表现出兴奋的情绪，那么也可以认为两人的关系是"对等且高度合意"的。至于这种类型的关系是认知上的还是情感上的，则要视具体情况而定。

关于这一问题，一位制作人在采访中说道，自己被编剧的剧情深深吸引，简直像是着了魔一样。

那是一场情景喜剧推介会，你会感到总有一种不可思议的能量在涌现。也不知道是谁娱乐谁，甚至都不知道剧情到底是否搞笑，总之我们与编剧融为了一体。这种情形下的推介会无疑是最理想不过的了。

就好像被施了魔法一样，制作人也在不知不觉中置身其中，甚至会认为自己也是一名出色的编剧，并完成了这样伟大的作品。这种相互间的赞美竟然生出了一种英雄惺惺相惜的感觉。

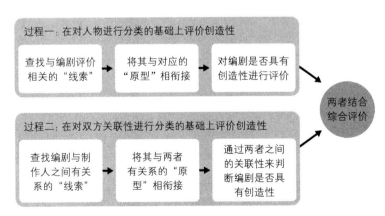

图 4-1　人物与关联性的二元评价模型

以上两个过程极有可能是按照顺序先后发生的，也有可能是同时进行的。但是，制作人往往在推介会刚开始的几秒钟就对编剧定性，并将其与心中的"原型"相对应。同理，无论制作人对编剧的定性以及对照的原型如何，双方的关联性以及相互作用的确立也是在最初的几秒钟就已经形成了。

笔者作为一名教师，也曾多次面试别人，因此对于上述两个过程深有同感。如果我们对面试者提出的内容感兴趣并且因此提出了几个好的问题和好的想法，双方自然就会对话题进行深入探讨，并且我们也会对面试者产生较好的印象。说得极端一点，最终的评价已经完全脱离最初的意图和构想，而是随着话题的逐步探讨形成的。

当然，这种情形不仅出现在评价一个人的创造性潜力的过程中，往往也会出现在一般的面试中。

反过来说，如果作为推介人的编剧能够激发出制作人的创造性，那么毫无疑问该编剧肯定被认为是创造性人才。一位知名的好莱坞制作人在自传中这样写道：

> 制作人也应该参与剧本创作，贡献自己的想法。当然，制作人一般都是十分想了解剧本概要的。制作人在了解剧本的瞬间能够发现自己在这一领域的创造性潜力是最理想的状态。[1]

---

[1]　Linson, A., 1996. *A Pound of Flesh: Perilous Tales of How to Produce Movies in Hollywood.* Grove Press, p. 44.

编剧通过与制作人的积极良性互动，提升其在制作人心中的地位，这是编剧获得制作人认可的一种策略。很多有经验的编剧都对这一事实"供认不讳"。

单方面的指导、建言关系

与"对等且高度合意的关系"对应的是"单方面的指导和建言关系"。在这种关系的原型中，制作人认为自己在剧本创作领域要比参加推介会的编剧更有水准。

具体来说，在遇到如下场合时，制作人可能会认为双方的关系是"学徒和师傅"的关系。

- 制作人对推介内容没有表现出兴趣。
- 制作人认为自己的观点以及提案没有获得编剧的认可，并且为此而不满。
- 制作人认为自己比编剧更熟悉编剧这个行当。

最终，制作人会认为编剧经验和潜力不足而给予负面评价。有一位制作人对此指出：

> 编剧固执己见，丝毫听不进制作人的建议，在这样的情况下，推介会恐怕不会进展顺利。时间对于我而言很宝贵，如果我的意见没人理会，我也就不会专心投入推介内

容中，反而会思考其他事情。

当然，参与推介会的年轻编剧也知道制作人可能并不满意自己的作品。例如，一位编剧指出，如果制作人完全按照规则行事，提出这样或那样的要求，或许就是对方对自己不满的证据。

> 制作人突然开始略带烦躁地说"你得这样做""你得那样做"，又或者说"你得有个大纲"。他似乎是为了维护些什么才说出这些话，这时你多半已经明白这不过是他拒绝你的借口。

埃尔斯巴克和克雷默指出了上述倾向，因为在他们看来，制作人总有一种自负认为自己在创作上比编剧要得心应手，而这种自负会不自觉地使制作人产生指导或说教编剧的冲动。但这仅仅是单纯的"指导和建言"，他不会因为说教而产生要跟编剧合作或者共同发挥创造力来策划好剧本的想法。

学术研究范式

埃尔斯巴克和克雷默的研究最大的贡献在于他们发现了与"关系"相关的"原型"，即"对等且高度合意的关系"和"单方面的指导和建言关系"两种关系类型。这种关系类型的发现必须有赖于对编剧和制作人双方进行周密的观察和采访，这是他们验证假说必不可少的步骤。

该研究范式最值得推崇的地方在于对现场情境和脉络的有效把握。埃尔斯巴克和克雷默主要通过下文的三种方法实现了对现场情景和脉络全方位的观察。

第一种方法是直接观察。在调查研究的 28 个编剧推介会中，他们直接参加了其中的 5 个推介会。

第二种方法是有效使用视频材料。在调查的 28 个编剧推介会中，有 7 个是他们直接从大型制作公司那里获得现场视频资料的。

这两种方法的好处是推介会结束后他们可以直接采访制作人，比如询问"哪里让您满意，哪里让您不满"等问题。当然也会问及进行创造性评价参照的"原型"等问题。由于采访是在推介会结束后不久进行的，所以一般比较容易获得更直接、更真实的回答。

埃尔斯巴克和克雷默指出，参加推介会有助于他们有效把握某一特定的推介会是以怎样的方式进行，以及了解制作人基于何种标准评价一个编剧的创造性，这有助于增进对假说的理解。

笔者本人也有类似经验，在现场直接观察，随后对相关人士进行采访，这时从采访中获取的信息有着特别的意义。如果隔一段时间再采访，恐怕就不会有那么多原汁原味的东西了，即时采访总是能够把当事人的真实想法挖掘出来。

第三种方法是在采访的时候让那些参与调查研究的编剧和制作人尽可能再现推介会的情形。在调查的 28 个编剧推介会中，有 16 个是通过当事人的回忆重现的，大多数的推介会持续 20 分钟左右，尽可能地把推介会的详细情况阐述出来。埃尔斯巴克和克雷默从中挖掘了一些编剧与制作人之间良性互动的例子，并且展开了上述关于"关联性"的研究。

当然，这种回忆式的研究方法不可避免地存在一些当事人主观偏好以及记忆模糊等问题，一定程度上背离真实情况。但也不是完全没有好处，埃尔斯巴克和克雷默可以在采访过程中随时就他们感兴趣的部分追加确认，这是现场直接观察所不具备的优势。在重现当时情形的过程中，编剧和制作人对彼此的看法等问题也可以进行比较直观的分析。

埃尔斯巴克和克雷默在观察的同时还对众多的当事人进行了采访调查。他们非常重视质和量的平衡，在接受采访的当事人当中，有 17 名编剧、13 名制作人和 6 名经纪人。从这些多角度、多立场的采访数据中，他们获得了编剧与制作人对彼此的看法这样的重要信息。

俗话说"不入虎穴，焉得虎子"，这项研究如果得不到制作方和编剧的许可，进入现场观察，是不可能获得上述重要信息的，当然也不会产生如此重要的研究成果。同时，他们被获准使用推介会现场的视频并对当事人进行采访，也为他们在该研究中打破主流观点提供了重要帮助。

关于案例研究的一点建议

我们能够从这篇最优秀论文奖论文中学习到什么呢？用一句话来概括，就是基于现场和情境进行信息搜集的重要性。埃尔斯巴克和克雷默的研究正是足够重视现场和情境的重要性才发现了这一打破常规的现象。

接下来，笔者就现场和情境的重要性提出两点个人建议供读者参考。

现场解决疑问

第一个建议是有疑问直接在现场解决。因为很多信息在脱离现场之后就没法再确认了，如果条件允许，一定要在第一时间对当事人进行采访，一些很难用言语、文字表达的感想说不定在这种采访中会不经意流露出来。

在人类的知识体系中有这样一种知识，它虽然贮藏在我们的头脑中，却无法用语言和文字加以形容和表达，这种知识一般被称为"隐性知识"（tacit knowledge）。

现场可以造就一种将这种"隐性知识"变成"显性知识"的环境。因为在现场氛围下，一些不确定性或一些外界不经意的刺激都有可能将那些不容易用语言组织的想法顺利地表达出来。

本章所使用的一些可以作为评价创造性"线索"的关键词，其实大都是根据对现场语境的理解总结出来的。当事人对这些关键词有着最直接和最深刻的体会，也正因为如此，埃尔斯巴克和克雷默才可以在此基础上还原当时的概念、定义以及假说。

笔者在本章开头曾介绍冈田学是日本市场营销领域的达人。他的成功之处在于能够基于语境准确理解顾客的需求，并且在此基础上创造出市场所需要的概念体系和商品。

比如冈田在创立旅行杂志 *Jalan*（日语为"じゃらん"）时，曾就日本国内旅行的情况进行过调查采访。当被问及是否有过日本国内旅行的经历时，大多数受访者都说没有。冈田十分惊诧，作为日本人，他们没有在国内旅行是不可能的。他进一步询问下去，这些受访者不经意地说出"去过国内某某滑冰场""去过国内某某温泉"之类的话，这就是"旅行"啊！只是被问及"国内旅行"这种严肃且貌似高端的问题时，一般人都会认为是那种导游举着旗子组团的旅游。

冈田了解这一情况后豁然开朗。在他随后出版的关于日本国内旅行的杂志中，都避免直接使用"国内旅行"之类的宣传词语，而是采用"预约日本"等轻松的词语。

现场获取的信息才是最有价值的。无论是市场试点还是实验室实验，在产品和技术开发的最后环节，接受市场的检验是最重要的。

将假说带到现场

第二点建议是将事先形成的假说带到现场并进行针对性的检验。

现场虽然很重要，但也不要指望在毫无思考、毫无准备的前提下从现场发现什么。在笔者看来，如果没有一个明确的视角、分析框架以及假说，即使到了现场，能获得的信息也很有限。只有在具有明确假说的前提下，我们才能结合现场的情景做出"是"或者"否"、"相同"或者"不同"的判断，也才能在此基础上挖掘"否"在哪里以及"不同"在哪里。

当然，在实际调查过程中，我们有时会发现现场与假说完全背离的情况。这时如果固执地强调假说的权威性，就不可取了。

案例研究的一个重要特征在于不能过度拘泥检验的严密性，应灵活地探索案例的本质。只有这样，才能以出乎意料的形式发现案例的本质属性。

埃尔斯巴克和克雷默的调查如果只看到人物的"原型"，就会忽略关联性的"原型"。在对现场进行调查的过程中，他们发现制作人在评价编剧的时候会发表主观的意见以及感情，这时他们转变视角，从而发现制作人和编剧互动的关联性问题。他们的发现在既往研究中一直被忽略，如果不对现场进行密切的观察，他们恐怕也不会发现这一意外事实。

他们根据搜集的信息数据不断改变视角，尝试在研究上有所突破。事实上，他们曾经先后 3 次调整编码，就研究而言这不是一个轻松的课题。

也或许是因为有了最初的假说，才促使他们发现除了人物原型还有其他因素会影响制作人对编剧创造性的评价。假说不能够进行充分说明的部分，就有赖于现场调查了。

第 5 章

比较分析法

20世纪80年代，在企业经营管理领域流行着"卓越企业"（excellent company）一词。麦肯锡管理咨询公司调查了美国的43家高收益公司，推导出8项"卓越企业的条件"，在此基础上写成的书籍在当时畅销全球。[①]

卓越企业的共通条件为：（1）重视行动；（2）接近顾客；（3）自主性与企业家精神；（4）以人为本、提高生产力；（5）立足于价值观的实践；（6）坚持本业；（7）组织单纯、总部精简；（8）宽严并济。

每一项条件都令人感叹"原来如此"。许多实业家深信，只要同时具备这8项条件，卓越企业就能一直发展下去。因为他们相信"满足8项条件的企业会成功"这一假说。

然而，那些被列举为"卓越企业"的知名企业后陆续陷入业绩恶化的困境。所谓的满足8项条件就能一直保持卓越的说法终究只是幻想。

---

① Peters，T. J.，& Waterman，R.，1982. *In Search of Excellence: Lessons from America's Best-Run Companies*，Harpercollins.

如果冷静地重新审视这个假说，我们会发现，从学术的观点来看，"卓越企业"的调查方法存在若干问题。我们回顾一下麦肯锡公司推导卓越企业条件的顺序。

- 罗列出高业绩企业。
- 寻找高业绩企业具备的特质和条件。
- 将高业绩企业之间共通的特质及条件视为高业绩企业应具备的条件。

这种顺序看似正统，然而囫囵吞枣地接受由此推导的结论却存在危险，因为这种手法未必能筛选出企业取得高业绩的主要原因。因此，当具备如上特质的企业无法维持高业绩时，我们无须惊讶。

卓越企业调查所推导出来的不过是"必要条件"。所谓必要条件，是指某事物若要成立则必须具备的条件。也就是说，要想成为卓越企业，就必须满足某些条件，但这并不意味着只要满足了这些条件，企业就一定能走向卓越。

当然，对于实干家而言，仅仅了解"必要条件"，也可以获得商业发展的启发（参照第 7 章）。不过，若要充分考察因果机制，就需要进一步的调查。

必要条件与充分条件的关系如下文所述。

必要条件与充分条件

假如只要满足条件 A，企业就一定能够实现高业绩，那么条件 A 就是实现高业绩的充分必要条件。然而，假如满足条件 A 却没有满足条件 B，企业未能实现高业绩，那就是说 A 虽然有可能是必要条件，但绝对不是充分条件。这意味着只满足 A 或 B，不一定能取得高业绩。

反过来说，假如只要满足条件 A 或条件 B，企业就能收获高业绩，那么条件 A 和条件 B 都是高业绩的充分条件。但是，A 和 B 不是必须要满足的条件，因此两者都不是必要条件。

就卓越企业的调查而言，即使找到了企业实现高业绩的共通条件 A，也不见得只依靠条件 A 就够了，说不定还存在另一个条件 B。如果不具备条件 B，企业就有可能无法实现高业绩。

再者，卓越企业调查推导出来的 8 项条件未包含"经营资源"及"业界竞争的激烈性"等重大因素。

为了推导出卓越企业的条件，麦肯锡公司应该将以上各项条件作为最初的假说，然后通过补充调查来提高准确性。

其中一个方法是采取和之前截然相反的顺序。如果认为以

表 5-1　必要条件和充分条件的主要类型

条件		结果	条件 A 的性格
A	→	高业绩	A 是充分必要条件
A 和 B	→	高业绩	A 是必要条件，不是充分条件
A 或 B	→	高业绩	A 是充分条件，不是必要条件

上 8 项条件带来了成功，首先应找出具备这 8 项条件的企业，然后调查这些企业的业绩。

- 罗列出同时具备 8 项条件的企业。
- 调查满足这些条件的企业是否成功。
- 如果满足这些条件的企业都很成功，则把这 8 项条件视为获得成功的充分条件。

从反方向着手更容易看清这 8 项条件是否是充分条件。所谓充分条件，是指确保事物能够成立的条件。假如满足了 8 项条件就能取得高业绩，那么这 8 项条件就是充分条件。相反，假如满足了 8 项条件后，仍有企业经营不善，那就意味着还有某个决定企业成败的重要因素。也就是说，这 8 项条件并不能保证结果成立。

本章为避免武断推导结论，首先让读者加深对比较分析手法的理解，然后通过比较分析来介绍寻找"黑天鹅"的方法。

求同法

前文介绍了卓越企业的调查手法，想必有些读者觉察到这是一种很熟悉的比较法。确实，这是比较法中的一个常用套路，是 19 世纪哲学家、经济学家约翰·斯图尔特·密尔（John Stuart Mill）所倡导的"求同法"（method of agreement），历史相当悠久。

求同法是把显示同一结果的诸多案例进行对比，探寻相同因素，推论产生共通结果的要因。基本上可以说，这是一种非常有用的筛选必要条件的方法。

既然如此，我们试着采用求同法来寻找成为卓越企业的条件。首先，把达到一定标准的企业定义为成功案例，选取案例。然后，利用自己的知识储备，筛选出所有有益于成功的因素。假设想出了 A、B、C、D、E 这 5 个因素。接着，寻找所有案例的共同特质。

假设分析结果显示，5 个案例的共同特质只有一个。例如表 5-2 中，共同的特质为 A。这时推论出 A 是成功的因素。而 B、C、D、E 等其他因素不影响结果，所以不把它们当作成功的因素。

当然，并不是说只要满足 A 就一定能获得成功。

表 5-2　采用求同法进行推论

	影响因素					结果
	A	B	C	D	E	
案例 1	○	×	×	×	×	○成功
案例 2	○	○	×	×	×	○成功
案例 3	○	×	○	×	×	○成功
案例 4	○	×	×	○	×	○成功
案例 5	○	×	×	×	○	○成功

差异法

此外，密尔还逆向发散，想出了"差异法"（method of difference）这一比较方法。求同法是对结果相同的诸多案例进行对比，而差异法则是对结果不同的诸多案例进行对比。

这个方法也是从少数案例出发展开推论。差异法通过比较结果不同的诸多案例，找出不同的因素，并认为该因素是产生不同结果的原因。极端地讲，即使只有两个案例，我们也可以利用差异法实现有效的推论。如果两个案例除了某一单个因素不同，其他因素都相同，那就意味着只要满足这一条件就能获得成功，该方法适合寻找"充分条件"。

下面让我们用差异法来对比成功企业和失败企业。试着对比影响二者成败的因素，假设结果如表 5-3 所示，除了 A 以外其他因素都一致。这个时候，只有 A 项有所不同，可以推论得知，A 是产生不同业绩的原因。这就是差异法。

然而，即使通过求同法及差异法等比较法得出对比结果，我们并不能断言 A 是成功的唯一条件。原因在于，要

表 5-3　采用差异法进行推论

	影响因素					结果
	A	B	C	D	E	
案例 6	○	×	○	×	○	○成功
案例 7	×	×	○	×	○	×失败

想采用比较分析法得出确切的推论，如下条件是非常有必要的。[1]

- 在列举所有因素的基础上展开分析。
- 确定各因素不产生相互作用。
- 分析所有的因果关系及模式。
- 采用求同法后发现，除了一项因素，其他要因各不相同。
- 采用差异法后发现，除了一项因素，其他要因完全相同。

在实际调查中，要满足以上所有条件极为困难。我们往往会漏掉某些因素，无法把取得成果的所有因素都罗列出来。

而且，某个因素可能需要与其他因素组合在一起时才能发挥作用，我们往往会忽略这一组合。例如表 5-3 所示，在满足因素 C 的同时也满足因素 A 就能获得成功。也就是说，A 和 C 发生了相互作用。这种情况下，假如只有因素 A，不见得一定能成功。

况且，除了变量很少的情况，我们不可能分析所有的因果关系。因此，经由差异法和求同法推导出来的结论并不绝对。

既然如此，笔者为什么要在这里介绍差异法和求同法呢？因为用这类比较法推导的结论可以作为"假说"，在后续的调

① Alexander L. George，A. L.，& Bennett A.，2005. *Case Studies and Theory Development in the Social Sciences*. The MIT Press.

查中发挥有效作用。

那么，在实际调查过程中，我们如何应用这些比较法？接下来笔者将介绍一个研究范本，帮助大家了解研究者是如何通过反复尝试最初的假说及其他的假说来加深对事物的理解的。

学术研究的启发

此处要介绍一篇研究论文，讨论的课题是"为何有些医疗革新明明被证实有效，却未能得到推广"。[①] 该论文将得到普及的医疗革新和未能得到普及的医疗革新进行对比，调查阻碍医疗革新普及的原因。

调查对象为事关人体健康、被严格把关的医疗革新。研究者把焦点集中于新药及新治疗技术的普及上。在发达国家的医疗领域，循证医学（evidence based medicine movement）是主流，循证医学主张在开展医疗活动时应遵循临床试验等证据。然而在实际的医疗现场，即使是已经被证实有效果的医疗革新，也未必能顺利得到普及。这是为什么呢？英国的伊万·法利研究团队为了解开这一谜题，争取到了英国政府机构的支持，开展了以广泛采访为基础的案例

---

① Ferlie, E., Fitzgerald, L., Wood, M., and Hawkins, C. 2005. The nonspread of innovations: The mediating role of professionals, *Academy of Management Journal*, 48 (1): 117–134.

研究。

他们在英国卫生保健领域选取了 8 个医疗革新进行调查，发现本应得到普及的医疗革新并未实现。这个调查结果虽然不至于不可思议，但可以说相当出人意料了。法利试图通过研究找到其中的缘由。

美国管理学会在授予该论文最优秀论文奖时，做出了如下点评（2005 年有两篇论文入选最优秀论文）。

调查过程的两个阶段

该研究的特征是分两个阶段，变更调查方法并展开调查。

授奖理由

《美国管理学会学报》2005 年最优秀论文奖

法利等人以卫生保健机构为研究对象，展开了细致的调查。为什么同样是"有据可循的医疗革新"，某些革新能够得到普及，而某些革新却得不到普及？他们致力于解答这个有趣的问题。即使是有科学根据的革新，人们的见解有时也会分化。因此，医疗革新不一定能顺利得到普及，有时普及过程会变得相当复杂。法利等人通过彻底调查这一事实发现，医疗革新的科学根据是否准确、涉及部门是否复杂、专职人员之间的关系好坏等都会影响到推广过程。该调查制订了非常慎重的调查计划，以此为基础进行了反复调整，堪称研究的范例。

尽管他们声称"从一开始就没有采取严密的假说检验形式"，但实际上在第一阶段，他们设定了两个假说。

假说1 医疗革新的医学依据越是确凿，该医疗革新就越能实现广泛迅速的普及。

假说2 医疗革新的相关机构及专职人员越是精简单一，该医疗革新就越能实现广泛迅速的普及。

乍一看，以上假说理所当然应该成立。既然医疗革新的效果得到了肯定，相关机构也比较单一，该医疗革新理应顺利实现推广。

然而，当研究者选取了8个案例来验证这些假说时，得出的结果却与他们的设想大为不同。关于假说1，研究者发现，有的医疗革新尽管医学依据相当确凿，却没能实现推广；而有的医疗革新明明没有有力的根据，却能实现推广。至于假说2，有的医疗革新在精简单一的机构中也很难普及；可是有的医疗革新在复杂的机构中却能得到很好的推广。

为了探明事情真相，法利等人把自己的调查方式调整为更加具有探索性的方式。在调查的第二阶段，为了推导新的假说，他们采用差异法，将两个截然不同的极端案例放在一起进行对比。

极端案例 1　有医学依据并得到广泛普及的案例（阿司匹林用于预防心脏二次衰竭）

极端案例 2　有医学依据却未能普及的案例（计算机管理系统参与抗凝血疗法）

二者都具有医学依据，然而其中一个得到了普及，另一个却未能实现普及。通过对比这两个案例，想必可以推论得出影响普及程度的要因。

那么，比较分析的结果到底如何呢？除了医学证据是否确凿和医疗革新的复杂程度，是否还能找出第三个因素？

笔者打算按照图 5–1 所展示的顺序，一个阶段一个阶段地详细说明。

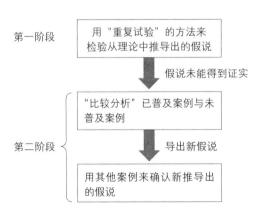

图 5–1　两阶段的调查步骤

调查的第一阶段

为什么某些特定的医疗革新能够迅速普及，而其他医疗革新却普及得相当缓慢呢？法利等人为了解开这个疑问，选取了8个能够对比的案例，并观察了一定的周期（1996—1999年）。

选取出来的医疗革新案例可以从两个角度进行整理。第一，是否有确凿的医学依据。在发达国家，循证医学是医学界的标准思考方式，要求根据临床试验的结果来确定是否采用医疗革新。因此，在探索医疗革新的普及问题时，医学依据是否确凿是不容忽视的因素。第二，医疗革新的复杂程度。有的医疗革新只是单纯的新药处方，有的医疗革新则跨越科室，要求多方协作。可想而知，医疗革新越是复杂，普及速度越是迟缓。涉及事项较为单一的医疗革新，仅需一个组织和职业团队就能参与推广。复杂的医疗革新则需好多个团队参与其中并推广。于是，研究者认为，除了医学依据，医疗革新的复杂程度也会左右普及的进程。

关于以上观点，可参见图5-2。图5-2按照"医学依据的强弱"和"医疗革新的复杂程度"把医疗革新分为4个单元格。医学依据的强弱问题，根据临床试验等结果以及外部临床专家的评价来判定。复杂程度则是通过医疗革新相关团队的数量来划分。

每个单元格都包含两类案例：一个是急性护理（acute care，简称AC）的医疗革新案例，另一个是初级医疗（primary care，

医学依据

		强	弱
医疗技术革新	**简单**	**假说**　医疗革新普及度高 （AC1）低分子量肝素用于预防血栓 （PC1）活用阿司匹林	**假说**　医疗革新普及度中等 （AC3）鼠蹊疝气的腹腔镜手术 （PC3）激素替代疗法
	复杂	**假说**　医疗革新普及度中等 （AC2）计算机管理系统用于预防脑中风 （PC2）糖尿病治疗	**假说**　医疗革新普及度低 （AC4）多种多样的生育护理 （PC4）物理治疗师的雇用

图 5-2　案例调查对象的定位

简称 PC）的医疗革新案例。所谓初级医疗，是指在人们身边提供各种便利的综合医疗，由当地医疗系统工作的全科医生来看诊。

　　每个单元格都包含两类案例（AC 和 PC）是为了证明医疗性质不会影响假说的成立。不论是急性护理还是初级医疗，只要是有确凿医学依据的简单医疗革新能得到广泛推广，那就证明了假说的正确性。

　　其实，即使不理解各项医疗革新的具体内容，我们也能想象出该调查的主要结构。不过为了以防万一，笔者还是预先解释一下。

低分子量肝素用于预防血栓（AC1）

　　低分子量肝素是一种用于预防静脉血栓栓塞的药剂。高龄患者做过下肢骨科手术以后，如果血栓到达肺部，会引发呼吸困难，危及生命。低分子量肝素能够防止血液凝固，预防血栓形成。该药剂被应用于骨科手术后的早期预防。

计算机管理系统用于预防脑中风（AC2）

口服抗凝血药剂可以预防脑中风，这一事实已经得到了医学依据的证明。为了预防脑中风带来的危害，人们开发了用于管理口服抗凝血药剂配给情况的计算机系统。医院里一般由实习医生确定治疗方式，有了这个诊断程序，经验丰富的护士也能完成治疗。如此一来，可以为患者提供便利，使患者能够在家附近轻松接受诊断。

鼠蹊疝气的腹腔镜手术（AC3）

鼠蹊疝气是指一部分小肠挤进大腿根部（鼠蹊部）的筋膜之间，该处皮肤向上鼓起的病症，俗称脱肠。传统医学采用外科开腹手术进行治疗；随着技术的进步，腹腔镜（内视镜）手术也开始被应用于治疗鼠蹊疝气。腹腔镜手术是在腹部开3个3～5毫米的小洞，把腹腔镜伸进其中一个小洞，用于观察腹内情况，然后把手术器械伸进其他几个小洞，进行手术操作。

多种多样的生育护理（AC4）

1993年，英国国家医疗服务体系以医学为依据，出台了"改变生育方式"的政策，更改了所有女性都必须在医院生产的政策。政府允许健康女性选择在当地接受孕妇护理等多种选项。出台该政策的背景是，科学证明，女性如果能按照自己想要的方式怀孕并生产，对日后养育子女会产生良好的影响。不过，该政策也留下了一些重大问题尚未得到解决，如判定哪些女性的生育风险较低，应以哪种标准来判定。

阿司匹林用于预防心脏二次衰竭（PC1）

合理使用阿司匹林，可以有效预防心脏二次衰竭。随机对照试验证实了阿司匹林的效用。该预防法适用于初级医疗中的患者群体。众多患者选择采用这个简单的预防措施。

法利等人最初以为，该医疗革新只需初级医疗的医生参与，随着调查的深入，他们发现如果现场没有护士帮忙，很难顺利展开工作。

初级医疗治疗糖尿病（PC2）

1989 年，世界卫生组织（WHO）与国际糖尿病联盟（IDF）公布了《圣文森特宣言》，为预防糖尿病患者产生失明、肾衰竭、坏疽、冠状动脉疾病、中风等病症，以及让患有糖尿病的妇女能够像正常人一样怀孕，建立了各种原则。该医疗革新将这些原则适用于初级医疗，许多专职团队都致力于糖尿病的治疗。在英国，糖尿病患者人数高达总人口的 2%～5%，而糖尿病还容易引发慢性并发症。英国国民健康保险的 8%～9% 的预算被用于治疗糖尿病，因此治疗糖尿病不仅是医学上的重要问题，还是政治上的重要问题。

激素替代疗法用于预防骨质疏松（PC3）

长期以来，激素替代疗法在缓解更年期综合征方面发挥了积极作用。最近几年，有人提出可以把激素用于预防骨质疏松。不过关于这一见解，意见尚未统一，人们争论的焦点集中在医学依据的确凿性以及引发乳腺癌的风险等方面。

法利等人最初以为，该医疗革新只需初级医疗的医生参与，随着调查的深入，他们发现如果现场没有护士帮忙，很难顺利展开工作。

物理治疗（PC4）

虽然缺乏医学依据，但是物理治疗的有效性在初级医疗广为人知。然而，多数医生认为，物理治疗只是用于腰痛等医学上难以处理的病症。由于患者对物理治疗抱有好感，采用物理治疗的医生逐渐增多。为此，医学界对物理治疗师及新医疗实践的需求不断增长。

言归正传，法利等人的调查结果是怎样的呢？倘若假说是正确的，则医学依据越确凿，普及程度就应该越高；并且医疗革新涉及方面越单一，越能得到广泛的推广。他们预想的调查结果如下：

- 有医学依据并且相关机构人员相对单一的医疗革新普及程度最高。例如，"低分子量肝素用于预防血栓"（AC1）及"阿司匹林用于预防心脏二次衰竭"（PC1），参见图 5-2 左上。
- 医学依据薄弱且相关机构人员相对复杂的医疗革新普及程度最低。例如，"多种多样的生育护理"（AC4）及"物理治疗"（PC4），参见图 5-2 右下。
- 有医学依据且相关机构人员相对复杂的医疗革新普及程度一般。例如，"计算机管理系统用于预防脑中风"（AC2）及"初级医疗治疗糖尿病"（PC2），参见图 5-2 左下。并且，医学依据薄弱且相关机构人员相对单一的医疗革新普及程度一般。例如，"鼠蹊疝气的腹腔镜手术"（AC3）及"激素替代疗法用于预防骨质疏松"（PC3），参见图 5-2 右上。

表 5-4　各种医疗革新的普及情况

高 ◄———	医疗革新的普及程度		———► 低	
（PC1）阿司匹林用于预防心脏二次衰竭	（AC4）多种多样的生育护理	（AC1）低分子量肝素用于预防血栓（AC3）鼠蹊疝气的腹腔镜手术（PC2）社区医疗中的糖尿病治疗	（PC3）激素替代疗法用于预防骨质疏松症（PC4）物理治疗师的雇用	（AC2）计算机管理系统用于预防脑中风

然而，调查结果并不符合他们的假说。表 5-4 展示了实地调查所了解的医疗革新普及情况。如果假说正确，医疗革新 AC1 和 PC1 应该位于表格的左侧（普及程度高），AC4 和 PC4 应该位于表格的右侧（普及程度低），其他医疗革新应位于表格的中间位置。可是，表格中显示的实际情况却并不是这样。

若是按照假说所设想的那样，"低分子量肝素用于预防血栓"（AC1）这一医疗革新，涉及机构人员相对单一并且有确凿医学依据，按理说普及程度应该较高，位于表格的左侧。"多种多样的生育护理"（AC4）这一医疗革新，医学依据薄弱并且需要各种机构参与其中，按理说应该被列在表格最右侧，却出人意料地普及程度较高，处于表格靠左的位置。至于"计算机管理系统用于预防脑中风"（AC2）这一医疗革新，虽然相关机构人员相对复杂，但是医学依据确凿，按理说普及程度应该比较一般，没想到却被列在表格最右侧，完全没有得到推广。

由此可知，调查团队有必要重新探讨他们最初设定的假说。法利等人采用其他方法重新分析了这次搜集的数据，试图找出被掩盖的因素。

在此之前，笔者想说明的是，不论听起来多么"头头是道"的假说，都有可能不符合最终的调查结果。重要的是，在这个时候，不要头脑混乱、感到难以置信，而应思考如何重新修正研究。最糟糕的情况是，研究者有意无意地牵强附会，

"这样解释的话或许就能符合假说了，那个问题直接忽略掉就行"。但即使检验的结果不符合假说，也要正视事实，寻找真正的原因，这才是理想的做法。

显然，法利等人选择了理想的做法。他们执着于解开这个问题："为什么有些医疗革新能够迅速推广，另一些医疗革新却普及得非常缓慢呢？"他们态度执着的原因在于这是实务中迫切需要解决的问题。法利团队是受英国国家医疗服务体系（NHS）委托才展开研究的；并且该问题在理论上具有深远的意义，这一点不容忽视。因此，法利等人重新回到原点，开始用其他方法寻找新的假说。

调查的第二阶段（其一）

详细调查极端案例，可以让之前未能发现的因素凸显出来。法利等人在第二阶段的开始，选择对比两个极端案例，试图找出影响医疗革新推广的因素。

同样是具有较强医学依据的医疗革新，有的普及程度极高（阿司匹林用于预防心脏二次衰竭，PC1），有的则普及程度极低（计算机管理系统用于预防脑中风，AC2）。尽管二者的医学依据都非常确凿，可是普及程度却大为不同。

两个案例假如存在某些重大差异，该差异就有可能是左右医疗革新普及程度的原因。

这种推论方式源于本章开头所介绍的"差异法"。同样是具有较强医疗依据的医疗革新，一个普及程度极高，一个普及程度极低，法利等人把这两个案例放在一起进行比较，打算找出导致差异的原因。

参与预防脑中风的计算机管理系统（AC2）几乎未能得到普及，这个问题非常令人深思。因为医疗革新 PC1，即阿司匹林用于预防心脏二次衰竭，与 AC2 在许多方面都有相同之处。

与阿司匹林一样，采用 AC2 医疗革新可以把固定业务转移到初级医疗，地方医疗中心也可以向患者提供服务。而且二者都具备强有力的医学依据，同样有着庞大的患者群体，两种医疗革新都能方便地管理处方，为患者提供便利，令患者感到欣喜。

笔者打算对各个案例进行简短说明，并展开对比。

广为普及的极端案例

广为普及的极端案例是 PC1，阿司匹林用于预防心脏二次衰竭。在英国的地方保健中心，阿司匹林实质上已经在所有初级医疗机构得到推广。因为这一医疗革新不仅具备较强医学依据，而且还有推广上的优势。

首先，政府在地方医疗政策上鼓励使用阿司匹林。阿司匹林自上而下地导入医疗系统当中，政府可以跨越区域，从国家层面上把握阿司匹林的推广。活用阿司匹林是事关众多患者的

医疗革新，不仅是一种简单的治疗方法，而且价格便宜，患者
容易接受。

患者无须去很远的医院，在地方保健中心就可接受治疗，
因此这种治疗方法的便利性受到了患者的欢迎。可以说，正是
这些要因，阿司匹林用于预防心脏二次衰竭才能广泛普及。

此外，该医疗革新的推广还存在这样的情形。某个医疗中
心的一位合伙人偶然间对阿司匹林的使用方法非常感兴趣，甚
至积极撰写相关的论文。论文发表后，感兴趣的医生、护士以
及相关职员会集中在一起，就患者的定期诊疗问题展开讨论。
他们每周都一起开会制订实施计划，并由护士负责监测患者。
于是，定期监测观察患者的职责从医生转移到了护士。

用管理学术语来讲，自发推动变革的"催化剂"——促
使组织发生变革的人——就是"变革推动者"（change agent）。
在这个医疗中心，这名合伙人就是变革推动者，他打破了
藩篱。

从医疗活动的管理来看，定期监测职责从医生转移到护士
这一点值得注意。把能委托护士负责的事情交给护士，医生可
以把注意力集中在只有医生能做的诊断治疗工作上。

该医疗革新成功地横跨了医疗界的若干部门领域。在推广
普及方面，顺利跨越了两个关键壁垒（机构壁垒、医生和护士
的壁垒）。

医生和护士都感受到了这一医疗革新的价值，因而有动力
参与其中。通过跨越部门领域的壁垒展开对话，双方重新定义

了各自的职责。所有各部门职员在整体的看护过程中拥有共通的价值基础，成功跨越了各种社会壁垒。

未能得到普及的极端案例

与前者相反，用于预防脑中风的计算机管理系统（AC2）未能得到普及。

该医疗革新是一款管理内服药投放的计算机系统，用于预防脑中风。临床试验证明，内服药可以预防脑中风。随着技术的进步，只要有这个诊断程序，无须医生在场，经验丰富的护士也能独自进行药品管理。采用该项医疗革新也能和阿司匹林的活用那样给患者带来便利，让患者能够在家附近的诊所接受诊疗。

然而，该医疗革新几乎未能普及，在试验阶段就陷入僵局。

此项医疗革新最初由地方保险公司以研究开发为立足点率先倡导。核心的意见领袖是心内科（循环内科）医生，而非初级医疗的医生。在许多医院，心内科的外来患者数量较多，超出医院接纳范围，于是医生们讨论能否把高风险的慢性心脏疾患治疗转变为其他形式。

他们计划从三个侧面转变管理方式，预防脑中风：

- 将医院治疗转变为初级医疗。
- 将实习医生转变为经验丰富的护士。

- 将医生诊断转变为电脑系统初诊。

临床试验的结果证明了这一医疗革新的效果。因此，按理说，它应该和用于预防心脏二次衰竭的阿司匹林一样，理所当然得到推广。然而实际上，该医疗革新所需突破的壁垒（机构壁垒和专部门壁垒）远比阿司匹林的案例多。

该案例的部门壁垒相当复杂，一方面涉及医院系统的心内科医生、血液学研究者、实习医生，另一方面涉及初级医疗系统的医生、经验丰富的护士，还有计算机系统的设计者以及健康保健方面的调研人员等。这些人教育背景不同，价值观与判断标准也不同。

只靠少数变革推动者是无法说服这么多不同群体的。问题的关键是要把实施治疗的人选由实习医生转变为经验丰富的护士。医院的医生担心护士无法掌握最新技术。护士也担心自己无法承担这么重要的职责。初级医疗的医生在没有任何特别支持的情况下实施这么复杂的项目也会感到不安。各个机构及部门的对彼此怀有疑虑，难以消除。

比较分析对照案例

同样是医疗革新，计算机管理系统与阿司匹林活用极具对照性，都面临着跨越组织及部门壁垒的困难。对比两个案例可知，在不同组织及不同部门群体之间，未被普及的计算机管理系统面临的"壁垒"(社会和认知壁垒)更多。当然,得到普及的阿司匹林同样也存在着类似的"壁垒"。不过,由于各组织、各部门群体持有相通的身份认同和价值取向,建立了牢固的关系,故而顺利跨过了这一难关。

简而言之,上文的比较分析结果如表 5-5 所示。法利等人通过比较分析,推测各部门群体间的"社会和认知壁垒"才是左右医疗革新普及程度的决定性因素。也就是说,尽管医疗革新的医学依据确凿,但如果执行医疗革新的不同群体不能持有相通的身份认同及价值取向,也就无法跨越部门壁垒,无法普及医疗革新。医学依据的确凿性只是解释普及程度的必要条件,而不是充分条件。

表 5-5 极端案例的比较分析(差异法)

	潜在原因					结果
	有无壁垒(社会和认知壁垒)	医学依据的强弱	所期待的效果	患者群体的大小	管理的便利程度	医疗革新的普及
阿司匹林(PC1)	○(无壁垒)	○	○	○	○	○(普及)
计算机管理(AC2)	×(有壁垒)	○	○	○	○	×(未普及)

调查的第二阶段(其二)

推导出假说以后,法利等人又采用娴熟的调查手段进行分析。比较分析的手法是推导笼统假说的一条捷径。然而若要完善笼统的假说，就需要弥补其缺陷。法利等人没有直接使用这个通过比较分析推导出来的假说，而是灵活运用现有的数据，对该假说进行复核。

作为第二阶段的收尾，法利等人的具体工作是把比较分析法推导的假说套在其他 6 项医疗革新案例上进行确认。从验证结果可知，除 1 项例外，其余 5 项案例都因社会和认知壁垒而推广缓慢。

因此，原则上可以说，他们的新假说，即社会和认知壁垒是影响普及程度的原因，已经在其他案例中得到了证实。例如低分子量肝素用于预防血栓（AC1）、激素替代疗法用于预防骨质疏松（PC3）、物理治疗（PC4）这三个案例，都是因为医生、护士、助产士、物理治疗师之间存在较大的社会距离，所以未能得到很好的普及。虽然大家在同一空间开展工作，但是人与人之间的社会距离没有缩短。

有趣的是，在低分子量肝素的案例中，由于各部门人员在同一场所工作，导致该场所充斥着各种想法，甚至加剧了职责变化的争论。

外科手术后一旦产生血栓，它就会堵住肺部血管，引发呼吸衰竭，或是堵塞心血管，引发心脏衰竭。为了预防这些情况，就要用到低分子量肝素来进行抗凝血治疗。然而，专业人士对低分子量肝素的意见各有不同。因为尽管该医疗革新具有较强的医学依据，但在外科手术的不同专业领域获得的评价并不相同。血管外科医生为了避免产生血栓，积极主张使用低分子量肝素，而心内科医生则担心低分子量肝素用量过度，引发出血、感染等风险。各专业群体对医学依据的解释各不相同，使知识交流变得困难。

因此，虽然多个领域的专家在同一场所一起工作，却没能形成一个共同体。

医院与初级医疗对医疗依据也持有不同的观点。

医院是调查研究的核心力量，最重视临床试验的结果。

与此相对，初级医疗的医生常常站在整体的角度看待调查所使用的研究方法。他们不会积极地利用临床试验的结果，对于结果如何也不怎么关心。

其中一个理由是临床试验的研究领域集中于急性病治疗，并不符合初级医疗的情形。另一个理由是临床试验把高龄患者排除在调查对象之外，而初级医疗的大部分患者都是老人。初级医疗的医生与患者及患者家庭建立了持续的联系，从多个病理学角度诊断患者，这点也与大医院不同。

学术研究范式

一直以来，人们认为专业程度高的组织会积极导入技术革新，从常理来看似乎如此，而且这在管理学的研究中亦是主流观点。因为人们普遍觉得技术革新能够迅速在具备专业知识的专家群体中推广。

然而，这种情况恐怕仅限于单一的组织。法利等人的研究表明，专业人员的人际网络只能做到在单一的专业群体中迅速推广医疗革新。

复杂的组织包含着若干部门，且各个部门持有不同的价值观、规范及信念，就算医疗革新具备科学依据，各个部门群体仍有可能围绕科学解释展开争论。组织和部门之间都存在着"看不见的壁垒"，也许这就是阻碍医疗革新推广的原因。正因为多个专业集团各持己见，才导致医疗革新难以推广。

无论是医生还是大学研究者，他们都属于专业人士，而专业人士组成的实践共同体擅长在共同体内部互相接触、学习并发起变革。可是，他们不善于在外界的刺激及压力下学习并做出改变。这类人常常被揶揄为封在陶罐里的章鱼。确实，这类人很容易把自己封闭在狭小的共同体当中，也就是所谓的"自我密封集团"（self-sealing group）。

法利等人从学术的角度将专家群体自我封闭的特性界定为"社会和认知壁垒"。他们发现，专业群体或部门之间的"社会壁垒"和"认知壁垒"是妨碍医疗革新推广的原因。

问题意识

这项研究没有按照最初的计划顺利进行。虽然他们的调查设计非常出色，但是调查结果却和预想的大为不同。在这个时候，比较分析法发挥了重要作用。他们重新审视了自己搜集的数据，选择两个截然相反的极端案例，找出差异产生的原因，进而推导出假说。

在面对意料之外的调查结果时，为何法利等人仍能展开有效的调查？笔者认为他们之所以没有迷失方向，是因为他们从一开始就具有非常明确的"问题意识"。

有的人在遇到与假说截然不同的结果时，反而能发现新事物。可以说，法利等人正是这一类型。这是诞生新创意的一个经典过程。

但是，当调查结果与事先的设想相差甚远时，坚信"不是数据有问题，而是假说有问题"就意味着调查过程必须严密，要做到这一点并不容易。不仅要认真做好调查设计，还要保证数据 100% 值得信赖。

如果是随随便便搜集的数据，你可能会怀疑是不是数据有问题。你甚至可能会歪曲分析结果，力图使分析结果向预想的结果靠近。

不过，即使你制订了周密的调查设计，搜集了可信的数据，要弄清调查结果为何与设想不同，也不是件容易的事情。法利等人在第一阶段系统地网罗了医疗革新的普及原因，并展开调查，因此才能在第二阶段顺利展开比较分析。他们没有胡乱采取行动，而是重新审视调查结果，选择了另一个切入口进行分析。

法利等人仔细地设定了调查的焦点，并且设计了调查的方式。只要有了明确的焦点，调查分析就不会"沉溺"于数据的海洋中，并且能够系统地选定案例。通过逐一认真展开调查，就算出现了意料之外的调查结果，我们也仍然能够以过去的调查数据为基础，重新设定假说。这正可谓以调查结果为基础、以探索为目的的调查流派。

关于案例研究的一点建议

兼具严密性与灵活性

从法利等人的研究中，我们至少可以学习到两点。

其一，为了防止在未知的领域判断失误，我们需要兼具严密性与灵活性。虽然面对的领域是未知的，但我们不能不带任何问题意识或观点就直接奔赴现场去调查。当然，也有人认为这种姿态才是理想状态，不过这样做的话就要消耗更多时间。

法利等人为了不迷失在数据中，重新设定了观察角度，系统地选取了调查对象。

正因为明确了问题，设定了要观察的角度，才有可能进行系统的比较。在未知的领域，如果不预先确定观察的问题点，调查本身就会变动不定。

如果问题意识非常明确，我们就有机会重新回到原点。在调查结果与最初的假说不一致时，我们也可以从其他角度出发，或者在整体上重新考察，找出导致不同的原因。我们不得不承认，在数据的汪洋大海中，假如没有坐标盲目漂流，实在是太莽撞了。

确定比较项目、选取调查对象都非常重要。但是这并不意味着要从头到尾采用最初的假说。倘若假说被验证是正确的，那当然是再好不过。如果假说是错误的，比较理想的做法是在此基础上接着进行有意义的探索和考察。为此，设定一个蕴含基本问题意识或展示研究方向的假说相当重要。理想的假说应该具有一定的总括性和系统的框架。重点是要提前考虑调查的灵活性，认真构筑假说。

反复推论

其二，我们还应学习反复推论。要想提高假说的准确度，围绕必要条件和充分条件反复推论非常重要。

本章开头介绍的"卓越企业"的调查过程中，首先找出成功企业共通的性质（求同法），推导出获得成功的必要条件。然后从结果逆推，得出 8 项"卓越企业的条件"。使用该方法已经足以得出必要条件，然而若要确认这些条件是否也是充分条件，则需关注原因，重新调查。具体做法是，选取出满足 8 项条件的企业（不看业绩如何），将它们与不满足 8 项条件的企业对比，确认满足 8 项条件的所有企业是否成功。

其实，法利等人就是基于相同的想法展开第二阶段的调查的。同样是具有医学依据的医疗革新，他们找出了一个广为普及的案例和一个未能普及的案例进行比较（差异法），发现"社会和认知壁垒"是左右医疗革新普及程度的关键。

首先关注结果的不同之处，推导其中的原因。然后确认该原因是否适用于其余 6 个案例。可以说，这种方法关注的是原因而非结果，通过"重复试验"确认同样的情况是否仍会发生。

　　看了笔者的介绍，大家可能会觉得这个方法有些难度。其实我们在日常生活中经常很自然地（有时是无意识地）使用这个方法。首先从结果逆推假说，然后从原因着手确认假说，两者组合在一起，有助于我们更加接近真实。

第 6 章

追踪事件全过程

好的案例研究到底是怎样的呢？要理解这一点，可以参考《NHK 特辑》。该节目的纪录片有若干基本结构与案例研究密切相关，其中最值得参考的是通过追踪过程解开"不可思议"现象的方法。NHK 利用自己作为权威媒体的优势，围绕过去重大谜题展开实时追踪，让"现在终于能够畅所欲言"的当事人接受访谈。作为新闻媒体，他们从多方抽丝剥茧、发掘事实，最终的见解则交由观众自己得出。

在突出"各自立场"的作品当中，有一个系列是《女人和男人》。女人和男人为什么会相互吸引？为什么会相互错过？该节目从脑科学和生物学的角度来解答这个问题。开篇解说词就成功地挑起了观众的兴趣。

两个家族是宿敌，但来自这两个家族的男女却相爱了。他们的大脑里到底发生了什么？最新的科学研究试图解开这个谜题，同时也揭开了一直以来不为人知的心理机制的面纱。

研究发现，男女在陷入情网时，大脑的同一位置会活跃起来。但陷入爱情的男女在大脑活跃的位置上也不完全相同，而这也就是二者产生矛盾的原因。

第一集让我们走近男女关系这一永恒的主题，探查其中的秘密。

该节目采用了包括案例研究在内的各种调查方法，追踪调查男女陷入情网时大脑的活跃过程。

为什么会产生爱情？调查发现，不论是女人还是男人，当他们坠入爱河时，大脑的相同位置（腹侧被盖区）将变得活跃。大脑分泌出大量多巴胺，令人感到兴奋和快感。新泽西州立罗格斯大学教授海伦·费舍尔（Helen Fisher）指出，大脑为了记住快感带来的感觉，见到同一个人的脸时会更容易分泌多巴胺。

另一方面，无论坠入爱河的是女人还是男人，大脑部分区域的活跃度会被抑制。那就是"小脑扁桃体"和"颞顶联合区"，这些区域负责批判地看待事物。大脑在分泌多巴胺令人心情愉悦的同时，还压制了对对方的批判，于是爱情才能够发芽开花。

不过，尽管男女双方都产生了爱情，二者仍有差别。

男人在恋爱时，与视觉相关的"岛叶"会活跃起来。正如"一见钟情"所表达的那样："男人是用眼睛谈恋爱。"

这种结论听起来似乎比较轻浮，但从生物学的角度来看却是可能的。据说，男人会在无意识中判断女人是否能为自己生下健康的孩子。

得克萨斯大学心理学家德文·德拉辛格经过调查后指出，不论胖瘦，腰围与臀围比例接近 7∶10 的女性身材是最吸引男性的。身材接近这个比例的女性往往比较健康且好生养，女性进入生育适龄期时身材也会向这个比例发展。调查历史上著名的美术作品，我们会惊讶地发现，原来有那么多美术作品中的女性身材比例为 7∶10。

男性只要扫上一眼就能大致确定女性的身材，筛选自己的目标，然后用视觉捕捉对方的表情和动作，分析对方是否对自己有兴趣。

另一方面，女性谈恋爱时，与记忆相关的"扣带回"区域会变得活跃。这同样是为了生育。

在进化的过程中，人类直立行走要求骨盆尽可能地窄。因此，女性产道的宽度极为有限，要生下脑袋大的孩子，就只能早产。为了使婴儿大脑在出生后健康发育，需要提供相应的营养，因此女性有必要和男人组成固定的组合，精心抚养孩子。同时，生儿育女期间，女性需要伴侣提供食物等，让自己和肚子里的宝宝有所依靠。

光凭眼睛无法判断对方是否会成为优秀的伴侣。因此，女性需要提取记忆，弄清对方是否是值得信赖的男人。

尽管男人和女人表现出相爱的状态，但他们的观念完全不同。打开相爱的盖子，我们发现，原来男人按照长相选择女人，而女人按照生活能力来决定伴侣。不论有意还是无意，男人和女人的判断标准都与浪漫相去甚远。就算恋爱看起来很浪漫，最终目的还是为了留下子孙后代。当然，这是生物学家的观点，对于热恋中的情侣而言，说他们谈恋爱是为了生孩子简直是"难以置信"。

本章打算介绍一种研究方法，以不同立场的观念为着眼点，在追踪过程的同时解开不可思议事件的产生机制。

学术研究的启发

在企业管理中，选择合作伙伴是件非常重大的事情。本章笔者要介绍的研究课题与风险企业的 M&A 有关，更具体地讲，是关于出售 / 收购的研究。假设你成功创立了一家技术型风险企业，正积极研究售卖企业，并且有多家企业表示想要收购你的企业，你打算按照什么标准来选定买方呢？

针对这类企业买卖的决定过程，得克萨斯大学副教授麦丽萨·E. 格拉布纳展开了研究。[1] 随着搜集的数据越来越多，我们会发现最终决定企业收购的关键因素是信任。

提到企业出售 / 收购，人们常常会认为它遵循的是一种弱肉强食的规则，实际上未必如此。在美国，如果是未上市的企业，几乎所有的出售 / 收购都不是敌对关系，而是在友好的氛

---

[1] Graebner, M. E., 2009. Caveat venditor: Trust asymmetries in acquisitions of entrepreneurial firms. *Academy of Management Journal*, 52 (3): 435–472.

围下进行。很多人误以为企业家出售企业时主要是看谁给的钱多，其实初创企业的领导反而更在意企业出售后员工的去向问题，希望找个值得信任的买家，把企业托付给对方。

所谓信任，是指在有风险的情况下，对对方的行动怀有积极的期待。

不过，太过积极地信任对方也存在风险。正如获奖论文的题目《卖方负责》所揭示的那样，假如卖方掉以轻心，没有多加注意，即使蒙受损失也是卖方自己的责任。美国管理学会在授予该论文最优秀论文奖时，做出了如下点评。

格拉布纳的论文中有一点相当有趣，她不是单方面地从卖方或买方的角度追踪企业出售 / 收购的过程，而是同时从

┌─ 授奖理由 ─────────────────────────

《美国管理学会学报》2009 年最优秀论文奖

　　该论文探讨了初创企业收购过程中卖方和买方的"信任"问题。立场不同的企业，在互相信任方面持有不同的见解，结果导致双方采取不同的行为模式（例如欺骗对方的倾向不同）。麦丽萨·格拉布纳在调查企业信任问题相关文献的基础上，重点分析了企业家精神中一直未被解明的部分，为学术研究的发展做出了贡献。

　　最优秀论文奖的一位评选委员赞赏道："论文的理论化过程极有创意。把'信任'引入企业并购的研究中，不仅新颖，而且极具洞察力。"

双方的角度展开调查。卖方管理者和买方管理者是如何形成信任相关的观点的呢？格拉布纳对此进行了调查。此外，信任是如何对买卖行为产生影响的呢？对此，格拉布纳也进行了实时追踪，调查了企业出售／收购的过程。

通过追踪企业出售／收购的过程，格拉布纳发现，如果双方没有磨合好信任关系，就可能出现如图6-1所示的过程，最终只会迎来意想不到的不幸结局。

格拉布纳整理了企业出售／收购过程的重要事项，将其分为5个阶段：（1）甄别候选企业；（2）高层人士的社交；（3）初步达成意向；（4）准备契约；（5）实施。

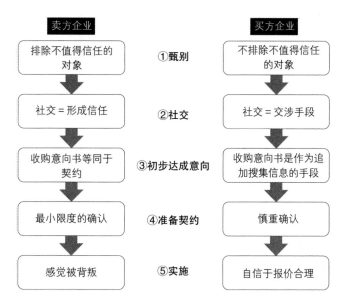

图6-1　欺骗产生时的信任不对称模式

然后她发现，在各个阶段，卖方管理者和买方管理者在信任程度及认识方面都存在基本的不同。

卖方管理者想要选一个遵守事先约定、值得信任的合作伙伴。因为一旦把企业卖出去，卖方对企业就再也没有影响力了。

另一方面，买方管理者的立场则截然不同。对方是否值得信任并不是什么大问题。相反，他们更为重视对方的技术是否有价值，冷静地估算要花多少钱收购，并且尽可能地买到性价比高的企业。

这种对信任的认识差异会给卖方及买方分别带来意想不到的结果。这是为什么呢？笔者将沿着格拉布纳推导的 5 个阶段，逐一进行详细解说。

另外，该研究所涉及的案例均发生在 1999 年至 2000 年的企业收购热潮期间。该时期正是所谓的互联网泡沫时代，针对技术型企业的收购极为活跃。主要调查对象为实际出售成功的 8 组案例。

数据搜集原则上采用实时追踪调查。8 组出售 / 收购案例当中，有 6 组案例是在收购过程中实时搜集材料的。剩下两组案例的数据搜集是在契约缔结后 6 个月内展开的，这样可以让当事人准确回忆当时发生的事情。

表 6–1 展示了 8 组案例调查对象。

表 6-1　参与出售 / 收购调查的对象企业

	卖方企业（化名）	买方企业（化名）	成交金额（百万美元）
（1）	莫奈	毕加索	500
（2）	火箭	北方	57
（3）	流行	阿玛	400
（4）	艾尔	哈巴	125
（5）	概念	卡尔玛	125
（6）	第一线	克雷兹	140
（7）	格里	西亚欧	15
（8）	斯帕 / 派拉姆	切克梅特	35

通往不幸结局的 5 个阶段

甄别阶段

首先，在甄别阶段，无论是卖方管理者还是买方管理者，都在尽可能多地寻找出售或收购的对象；并且从各个侧面相互评估，确认对方的生产线和己方的生产线能否互补、两者的技术是否相关等。

在这个阶段，对于卖方而言，可信与否是选择合作伙伴的决定性条件。他们会把值得信任的对象留在候选名单，把不值得信任的对象剔除。

至于对方是否值得信任，可以采用各种方法进行确认。如果有过合作关系，可以用以往的经验为判断材料。如果有的客户或合作伙伴了解对方企业，则可以向客户或合作伙伴咨询。

业界风评当然也能提供参考，但如果可能的话，还是要通过直接接触来判断。

　　假如卖方管理者不信任买方管理者，那就不用商谈了。——查证候选买方，假如所有企业都"不值得信任"，则放弃出售，继续保持企业的独立性。

　　然而，买方管理者却并不在乎卖方是否值得信任。他们不会因为对方不值得信任就放弃收购。"不信任"不会成为买方终止收购的理由。事实上，8 家买方企业中有 6 家企业都不相信卖方企业。"对方是不是隐瞒了出售的理由？""他们是不是夸大了开发的技术？""他们是不是正在和其他合作伙伴秘密交涉？"他们一面怀有疑虑，一面和卖方企业继续协商。

社会交际阶段

　　甄别结束后，双方管理者进入社会交际阶段。缔结出售 / 收购契约的 8 组企业当中，有 6 组企业的管理者在签订契约之前，选择咖啡店、自己的住宅、休闲娱乐场所等办公室以外的场所进行交流。话题内容涉及学生时代的回忆、兴趣爱好、人生哲学等，基本都是个人隐私。

　　对于这类交流，卖方管理者和买方管理者持有不同的观点。卖方管理者认为，通过这类社会交际，可以培养信任关系。个人与个人建立了真诚的关系，就可以确信对方是否值得信任。

　　买方管理者则把社交当作一种交涉手段。通过展开私人交流，可以搜集更多信息，同时还能让对方无法当场征询律师及财务顾问的意见，如此一来就能提高交涉的效果。

这种不同观点可能导致信任问题，买方管理者和卖方管理者的观念差异逐渐扩大。比如说在某个案例中，一方感觉已经形成了相互信任的关系，另一方却觉得彼此正在相互打探。

咖啡店恳谈后，对买方的疑虑毫不知情的卖方 CEO 认为，双方在这次恳谈中直爽地进行了信息交换："互相都学到了不少，并且都相当坦率，感觉开始信任对方。"

然而，买方代表却说，在这次会晤中，"我们从他们那里套出了不少信息"。他把咖啡店见面当作提高交涉效果的一种手段，并且有目的地欺骗卖方 CEO，促使对方同意出售。

初步达成意向阶段

随着卖方和买方的交流不断深化，双方围绕基本方针交换意见并达成一致，然后准备签订收购意向书（LOI）。收购意向书不是合同那样的小册子，内容比较简单，记录在薄薄的一张纸上。

卖方在纸上签字时需要注意一些条款。因为许多意向书都规定"禁止卖方和其他有收购意向的公司交涉"。一旦同意了这项条款，卖方只有在买方放弃购买，或是过了指定的时间段却仍未签订合同时，才能和其他公司交涉。也就是说，这项条款具有排他性。

几乎所有的卖方企业都选择信任买方，在他们看来，收购意向书基本等同于合同。卖方管理者误以为只要签了收购意向书，剩下的手续不过是形式上的东西。然而，倘若此时卖方管理者以为一切都尘埃落定而怠于资金筹措会怎样呢？这个时候一旦买方突然抽身而退，卖方就有可能面临极为糟糕的后果。

另一方面，在买方管理者看来，收购意向书是最终下决定之前搜集更多信息的手段。某公司执行董事指出，签订收购意向书主要是为了仔细确认对方企业的技术是否如己方所期待的那样，能取得好的成果。

进入这个阶段后，欺骗对方的言行也逐渐增多。笔者还将在后文详细说明。

欺骗主要包含两种形式。一种是以交涉为目的的欺骗，在交涉过程中故弄玄虚。如买方企业暗示自己还有其他收购对象，卖方企业故意把价格说高，催促对方早点下决定，哄骗对方等。交涉过程中的这类欺骗，可以说是极为普遍的，当事者也不会把它视为致命问题。另一种欺骗则会给对方造成惨重的损失，被称为"重大欺骗"。那就是虚假许诺收购后的人事和待遇。这已经超出交涉策略的限度了。例如，买方企业的欺骗行为主要表现为收购达成后对企业进行重组或解雇员工、改变企业战略，或者缩减管理职位的权限等。卖方企业的欺骗行为表现为虚假宣传产品开发能力、核心职员在收购后离职等。比起交涉过程中故弄玄虚，这种重大欺骗后果更加严重。

准备契约阶段

签订《收购意向书》，在基本框架方面达成一致后，接下来就要进入准备契约阶段。具体言之，这个阶段要做的事情包括对企业内主要部门的核心职员进行确认，调查竞争企业的技术及战略计划，准备一份就算发生误解也能充分保证自身权益的契约等。在这个时期，双方企业都会用心准备。对买方和卖方而言，这是他们避免因欺骗而损失惨重的最后机会。

不过，卖方管理者和买方管理者在准备契约方面的认真程度还是有所不同。卖方企业在这一阶段会做最少的准备，而买方企业则会谨慎周密地展开工作。

关于在准备契约时只做最少的准备，卖方企业这样解释：[1]

> 即使有再厚的资料、再多的保证，光凭资料是无法解读交易精神的。我们不是为了这份资料而工作，而是为了两个企业能一起工作而工作。

假如卖方企业信任买方企业，卖方会认为反复叮咛以及在合同上设立各种预防措施没有意义。其实大多数卖方企业要么完全不采取此类措施，要么只是履行了相对有限的提醒义务，最小限度地提出对策。既然是与值得信任的对象交易，卖方似乎不怎么重视契约的准备过程。

---

[1] 同前引 Graebner（2009），p. 459。

与此相反，买方企业会非常认真地准备契约。他们周详地考虑各个方面，会在契约中设定条款要求将交易款暂交第三方保管，待某种条件实现后再交付。这是为了避免己方因对方的欺诈而蒙受损失。事实上，8 组出售 / 收购项目中，有 7 家买方企业充分履行了提醒义务，并准备了相应条款，以应对卖方企业可能出现的欺骗行为。而且买方企业还会认真确认卖方企业与客户的合同、考量卖方企业的技术水平、调查工作人员之间的关系等。

实施阶段

进入实施阶段后，"以交涉为目的的欺骗"和"以实施为目的的欺骗"的本质区别就会凸显出来。

"以交涉为目的的欺骗"很少会被摆在台面上讲。因为如果顺利缔结契约，一切按预定计划进行，一般是不会被拿来挑刺的。

但是，"重大欺骗"则另当别论，因为它早晚都会暴露出来。

假如收购完成后开始重组裁员、调动办公室、改变技术相关战略，那会怎样呢？卖方企业的管理层自然会感到被欺骗，核心职员同样也会发现自己被骗了，他们可能会选择辞职。

卖方企业的管理者尤其会感到剧烈震动。"明明不谈公事、专门交流过人生观，而且双方还在员工的待遇问题等方面达成了一致"。即使买方管理者试图从伦理角度把重大欺骗正当化，卖方管理者恐怕仍然会觉得难以接受。

为什么买方管理者要进行这类欺骗行为呢？其中一个可想而知的理由是，买方管理者可能对人力资源以外的资产更感兴趣。如果是这种情况，那么就算员工辞职，公司也不会伤筋动骨。

不过，该研究的调查对象是技术型初创企业。买方自身也明白，如果不能让员工发挥才华，企业就没有什么价值，优秀技术人才假如不肯留在企业，企业的价值就会降低。

其实，格拉布纳的调查显示，买方管理者是希望优秀员工留在企业的。然而，他们过于迷信物质激励，以为只要给的报酬够高，就能平息员工的怒气。他们认为，即使员工感到被背叛，只要薪水够多，员工还是会留在企业继续工作。

由于存在这样的误解，其中一家买方企业背叛了卖方企业。他们破坏了"不改变活动场所，允许员工自律，活用企业技术"的约定。买方企业宣称，"我们花了很多钱才把你们买下来"，试图将自己的行为正当化。

但是，卖方企业不接受这一说辞。某卖方企业负责技术的执行董事讲道："我们不是想要补偿，而是想要磨炼技术，做出成果，让人们看到我们的技术有多强，让人们都使用我们的技术。"因此，许多员工以"买方企业未能遵守非正式协议"为由纷纷离职。卖方企业管理层中有人强调："这不是金钱能补偿的问题。"

据说买方企业领导后来发现，卖方管理层的离职对企业而言相当于流失了有价值的资产。

非对称性信任带来的两种欺骗

如此这般，信任关系的非对称性最终导致了不幸的结局。格拉布纳认为，信任关系的非对称性不同，"欺骗"产生的概率也不同。

她所关注的非对称性不仅是指自己相信对方、对方却不相信自己之类的偏差，还包括一种认识偏差，即明明觉得自己已经得到了对方的信任，没想到对方却并不信任自己。

这种情况略微有些复杂，笔者引用原文中的图给大家介绍，参见图 6-2。该图共有两个轴线，即"自己是否信任对方"和"是否认为自己获得了对方的信任"，从这两个轴线出发对调查结果进行了整理。关于前文所述的两种欺骗，可以通过这个图全面观察卖方管理者和买方管理者各自的观点。如果企业有"欺骗"行为，就在该企业的后面画"√"。由此图可知，同组企业（序号相同的企业）在信任关系方面存在理解差异。

以交涉为目的的欺骗

首先我们来看一下以交涉为目的的欺骗（图 6-2）。对比卖方企业的意识和行动中画对勾的情况，以及买方企业的意识和行动中画对勾的情况。卖方企业有 3 个"√"，而买方企业竟有 7 个 "√"。由此可知，买方更容易出现欺骗行为。买方企业中，有 7 家企业在交涉时虚张声势，故意讲些容易招致对方误解的话。

另一方面，人们常说，交涉中欺骗是常有之事。卖方企业未必不会撒谎。8 家调查对象中，有 3 家卖方企业为了交涉而欺骗对方。另外，卖方企业似乎只有在感觉"自己不被对方信任"时才会欺骗对方。

接下来，我们对比一下卖方企业和买方企业的意识和行动，寻找二者的相似之处。无论是卖方企业还是买方企业，都有一个单元格没有画对勾，那就是"信任对方"并且"感觉自己得到了对方信任"的时候。这个时候，卖方企业和买方企业都不存在欺骗。也就是说，当企业管理者认为双方相互信

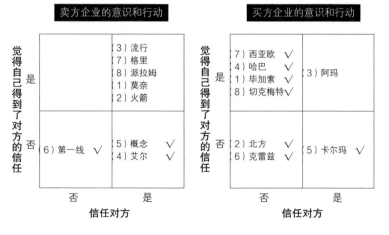

图 6-2 "以交涉为目的的欺骗"的发生——画 "√" 的
企业曾出现 "欺骗"

任时，一般不会选择欺骗对方。派拉姆公司 CEO 讲过这样一段话：

> 我把双方的立场都考虑在内，努力寻求两者的平衡。然后，我们找到了一个对彼此而言都比较公平的点。从明天起我们就要成为合作伙伴，因此必须实现一场对卖方和买方都很公平的交易。我没打算以最高价位完成交易，从一开始我就打算以一个公正的价位出售。[①]

可以说，买方企业同样是这种想法。图 6-2 中的阿玛公司因为相信双方相互信任，所以没有在交涉中欺骗对方。

重大欺骗

那么，"重大欺骗"又是怎样的情形呢？如图 6-3 所示，卖方企业中没有管理者实行"重大欺骗"。因为他们心里很清楚，以后对方会是自己的合作伙伴，还要一起工作很久。

与此相对，8 家买方企业中有 3 家企业管理者实行"重大欺骗"。

值得注意的是，"以交涉为目的的欺骗"出现在多个单元格里，而发生"重大欺骗"的情况集中在同一个单元格里。只有在"自己不信任对方，但是觉得自己得到了对方信任"的

---

① 同前引, Graebner（2009), p. 454。

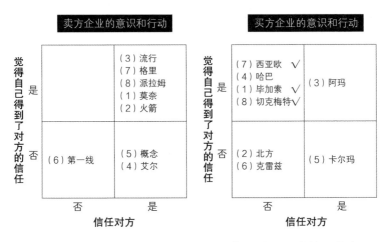

图 6-3 "重大欺骗"的发生——画"√"的企业曾实施"欺骗"

时候，才会发生"重大欺骗"。也就是说，当买方企业感到
"对方不值得信任，不可掉以轻心，但是可以随便出手"时，
很容易实施"重大欺骗"。

一直以来，关于企业间信任问题的研究主张用信义回报
信义，然而实际情况似乎并非如此。即使真切感受到对方的信
任，也不见得会产生道德上的义务感。倘若认为对方不值得信
任、不可掉以轻心，那就更加不容易被道义束缚了。

反之，如果感到双方互相信任，就连买方企业也会变得
讲道义，就不会发生"重大欺骗"。当一方信任另一方并且一
方觉得另一方也信任自己的时候，合作、协力、公正也随之产
生，欺骗行为会消失。

人们常说，随着时间的流逝，信任关系会变得对称起来。
如果对方信任自己，自己想必也会用信任来回报对方。相反，

如果感觉对方并不信任自己，那么自己也不会去相信对方。

然而仔细想想，我们不可能正确推断对方是如何看待我们的，即使能够正确推断，也不见得对方信任我们，我们就一定也要信任对方。特别是当人们觉得"对方不值得信任"时，就有可能利用对方的信任，谋求自己的利益。

学术研究范式

格拉布纳的论文让我们了解到，哪种情形容易引发欺骗，哪种情形不容易引发欺骗。

尽管感觉自己受到对方信任，但是自己却不信任对方，这种情况下容易产生欺骗对方的心理。因为对方不值得信任，所以就想要骗一骗对方。

反之，如果自己信任对方，并且感觉对方也很信任自己，就很少产生欺骗对方的心理。这个时候，人们往往会选择用信义回报信义，采取公平的行动。

不过，若要推论哪种模式容易引发欺骗，哪种模式容易促进公平，就算不追踪过程，只使用统计方法也同样能够得到答案。也就是说，做个问卷调查，列出几个问题，例如"你是否信任对方""你认为对方是否信任你"等，让他们在"你是否为了交涉而欺骗过对方""你是否实行过重大欺骗"等问题上画对勾，同样能做出模型图，并且也能用表格统计数据。

既然如此，为什么还要花费工夫追踪过程呢？

因为光看模式无法得出精准的分析结果，所以才需要追踪过程。举例而言，假如大家不了解上述详细过程，摆在大家面前的只有图 6-2 和图 6-3。单看图表显示的数据结果，大家能推论出因果关系并找到造成这一结果的原因吗？

正因为追踪了案例的发展过程，我们才了解了原因和结果。如果只是推论各种模式，就算调查的数据再多，我们也只能了解各因素之间存在关联。最终呈现出来的只是统计结果，告诉我们哪种条件下欺骗发生的概率会升高，哪种条件下欺骗发生的概率会降低。我们最多只能了解结果，无法搞清因果关系。

倘若不去追踪案例，我们无法了解因果关系，也就无法加深对事物的理解。该论文把出售／收购的过程分为 5 个阶段，使我们了解为什么会产生非对称性信任，也使我们加深了对企业间信任问题的理解。尽管该方法只追踪了少量案例，但是相当有效地解答了问题。

不过，追踪未解现象发生的过程不是容易的事情。对于有趣的现象，在实际调查中把偏差控制在最小限度相当困难。一般情况下，追踪调查至少在 3 个方面容易产生偏差。

- 单方面视角产生的偏差。
- 回顾过去产生的偏差。
- 回答诱导性提问产生的偏差。

格拉布纳在追踪出售／收购的过程中，一直努力避免上述

3 种偏差。下面，笔者将逐一介绍各类偏差以及避免出现偏差的方法。

单方面视角产生的偏差

第一种偏差是单方面视角产生的偏差。一般而言，每个人眼中的现实都存在各种视角。

就格拉布纳的调查而言，一方面，卖方看到的现实是"自己那么信赖对方，却被对方背叛"。另一方面，买方看到的现实却是"花了那么多钱买下企业，没想到人才都跑了"。

在以往关于企业出售 / 收购的研究当中，研究者大多只关注买方的视角，几乎没有注意过卖方的视角。只靠单方面视角能否解答卖方和买方相互作用引起的现象呢？

格拉布纳对卖方给予了和买方同等的关注，调查了双方的观点和行为。以往未曾被人留意的卖方头一次受到了关注，并且格拉布纳以两家企业为一组的形式展开了调查。针对 8 组出售 / 收购案例，格拉布纳尝试追踪双方各个阶段的视角，最终发现收购过程中卖方和买方的见解及关注事项各有不同。

回顾过去产生的偏差

追踪过程中容易出现的第二种偏差是回顾过去时产生的偏差。要求调查对象回顾过去，其实有各种缺点。

首先，人类的记忆具有不确定性。即使所要调查的信息事关能否解开现象之谜，对方也有可能想不起来。

而且，就算对方回答了问题，也不见得那就是事实。因为当事人在事后也会试图理解事件发生的背景、原因及结果，他们可能会根据自己的见解加以解释，很有可能会过分强调某个方面。

另外，有些人尽管实际上并不怎么清楚具体情况，事后却有可能思路清晰地提供自己的解释。

这种偏差难以避免。因为调查者问出来的东西不仅包括事实，还包括调查对象的部分认知世界。

为了避免这种偏差，格拉布纳选择以实时追踪调查为主轴。试图通过实时追踪各个过程，明确原因与结果之间的关联。

当然，如果打算对所有案例都进行实时追踪，那就太过耗费工夫。格拉布纳调查的 8 组案例中，有 6 组案例是实时追踪调查，剩下 2 组则选取了已经完成出售 / 收购手续的案例。不过这 2 组的出售 / 收购手续虽说已经完全结束，但是调查是在结束后半年内进行的。因此，被采访人能就过去发生的事情提供较为准确的信息。

回答诱导性提问产生的偏差

第三种偏差是回答诱导性提问产生的偏差。当调查者需要被调查者回忆过去来回答问题时，一味以自己的关注点及假说为中心，要求对方回答"是"或"否"（封闭式提问）未必最有效。因为被调查者在协助调查时可能会被具体提问吸引住视线，反而没能提及其他重要事项。而且，如果勉强被调查者给出答案，对方可能会含糊其辞。

因此，为了发现其他一些我们想不到的因素，必须巧妙提问，让被调查者能够自发地阐述。为了达成这一效果，格拉布纳选取了如下方法：

首先请被调查者谈一下事件背景，然后按时间序列讲述收购流程及决策过程。不向对方提出凸显自己关注点的问题，不提只要求回答"是"或"否"的问题。关于出售 / 收购过程中的决策及事件，以何时（when）、何地（where）、谁（who）、什么（what）、为什么（why）、怎样（how）等形式进行提问。要求对方回答开放式问题，这样才有可能获得正确的信息。

据说，格拉布纳在采访中完全没有问过关于信任和欺骗的问题。但"信任"这个关键词在讨论合作伙伴长处短处以及阐述交涉过程时，自然地出现在了话题中。

关于案例研究的一点建议

格拉布纳通过追踪调查，推导出了与一般论调颇为不同的结论，即"信任的非对称性"。追踪调查是一种极为消耗时间精力的调查手法。正因如此，我们有必要分清哪些方面必须深入挖掘、哪些方面可以忽略。吸收这一调查手法的精华有助于我们提高研究精度。接下来，笔者打算介绍两个要点。

不依靠有限的调查对象

之前的章节在介绍各种研究时强调过采访各类人士的重要性，因为单从某个侧面去理解无法做到立体地理解事物。这种情况在案例研究中表现得最为极端。

"从双方的立场来看待事物"相当重要，也是案例研究的基本要求。然而，恐怕很少有研究能做到这一点。其中一个原因在于，当你需要找人协助调查、恳请对方允许自己搜集资料时，你能找到的调查对象相当有限。要想和各个立场的人都有交集不是件容易的事情。

而且，有时协助调查的一方会认为他们自己的见解已经足够了，似乎并不乐意向调查者介绍不同立场人士的意见。

另一个原因是，单方面视角所描绘的世界非常合乎逻辑，使调查者忽略了怀疑。特别是在回顾过去时，许多当事人早已在脑海里整理了整个事件，让事件变得合乎逻辑，所以当调查者听了他们有条有理的回忆，很有可能会误以为自己已经了解了事件，无须听取其他立场人士的描述。

可是，假如只从有限的调查对象的角度看待事件，终究还是会产生偏差。倘若此处介绍的论文研究仅仅追踪卖方或买方单方的情况，恐怕会推导出完全不同的结论。正因为采访了各个立场的核心人物，该研究才能够接近真相。

现实与怀旧的双剑合璧（进行时态与完成时态的双剑合璧）

采用合适的追踪方法，可以节省时间、提高效率。可能许多人都认为，追踪调查应该实时追踪所有案例。其实不是这样的。在实时追踪以外，还可以通过回顾过去、追踪过去事件的发生过程进行补充完善。

我们在实时调查时若能切实融入调查对象，就能用自己的眼睛探索各种要因。合适的调查对象有助于我们找出关键要因，发现不可思议事件的真相。

另一方面，成本与风险必然会增加。实时调查无法了解事先是如何变化，事后又会是何种结果。一个人所能实时追踪的过程非常有限，所以很难广泛搜寻、找出合适的调查对象。

因此，建议大家灵活运用已经知道结果的案例。在实时调查以外，兼用追溯调查，即回顾过去、追踪过程的方法。

如果采取回想性质的追踪调查，就能恰当地决定应该在何处进行怎样的调查。在已知结果的基础上选取调查对象，只选重要的问题进行采访，这样做有助于提高效率，而且风险与成本较低。

当然，回顾过去的采访有可能会忽略隐藏的因素，因为调查者与当事人眼中"意想不到的因素"很难从记忆中翻找出来。而且，当事人可能会有自己的理解，把事件作为一个单方面视角中合情合理的现实来描述。

同样，假如格拉布纳选取的 8 组案例都是回想性质的追踪调查，恐怕就无法搜集到这么多生动的数据了。

　　正因如此，格拉布纳才决定采取实时追踪的方式调查部分案例，辅以追溯另一部分案例。两种方法各有优点和缺点，组合在一起却能很好地实现互补并发挥更大的能量。

　　这种"双剑合璧"式的调查方法，并非格拉布纳首创，它是由一位名叫多萝西·伦纳德–巴顿的研究者率先提出的。[①]

　　不管是在学术研究还是在实务调查中，我们都可以灵活应用"双剑合璧"的技能。这是一种提高调查性价比的智慧。

---

① Leonard-Barton, D., 1990. A dual methodology for case studies: Synergistic use of a longitudinal single site with replicated multiple sites. *Oragnization Science*, 1 (3): 1–19.

第 7 章

值得借鉴的地方与可以舍弃的部分

本书旨在让读者从这些获奖论文中学习到一些对商务应用有助益的案例研究方法。本章要介绍的是我们该如何将这些方法应用到实践中去，这才是最重要的问题。

所谓在实践中应用，具体是指通常在学术研究中采用的研究方法如何应用于现实场景。学术研究和商业实践本是两个不同的世界，就案例研究而言，二者既有相同之处，也有不同之处。进一步说，商业实践中的调查研究有值得推崇的地方，而学术研究中的调查研究也有需要舍弃的地方。

忽略商业实践中值得推崇的地方，或者一味坚持学术研究中本该舍弃的地方，结果只会事倍功半，甚至可能招致业绩上的损失。

因此，明确两者的取舍关系十分重要。最好能够审慎地比较学术研究中的调查与实务世界中的调查，从中发现两者的异同，在此基础上做出取舍。

值得借鉴的地方

学术研究中值得借鉴的地方主要是指案例研究的核心部分。就本书所介绍的获奖论文而言，就是与各章主题密切相关的那一部分内容。回顾一下各章的核心内容：

- 即使是单一的案例，也能有意想不到的发现。（第2章）
- 精心设计的调查有助于检验假说的正确性。（第3章）
- 现场调查有助于发现隐藏的细节。（第4章）
- 运用比较分析方法，并在此基础上追加分析，提高假说的准确性。（第5章）
- 追踪观察调查对象，明确其因果机制。（第6章）

在这些案例的核心内容中，有些具体逻辑很容易理解，有些实验可以亲自尝试。这些值得推崇的部分无论是学术还是实务，并无本质上的区别。在这里，笔者将对各个章节案例的核心内容简要做如下回顾。

即使是单一的案例，也能有意想不到的发现

不知道各位读者是否听说过"离群值"（outlier）一词，它在统计学上通常是指偏离常规数值的"例外值"。从数据分布来看，发生概率不到1%的这类数值就可以被视为"离群值"（当然，是否被认定为"离群值"有特定的计算公式，在

此从略）。

统计学上的"离群值"会让数据推导出的结果产生较大误差。因此，原则上统计分析不将"离群值"计算在内，因为离群值会对实验数据和观测结果产生干扰。

但是在案例研究中，我们不能忽视"离群值"的存在。在案例研究中，恰恰是作为"黑天鹅"存在的"离群值"更具研究价值。当然，有些"离群值"是人为操作错误导致的，这种情形不在本书讨论范围之内。研究非人为导致的"离群值"，我们有可能获得新的重要启示，甚至得出打破常规的结论。

例如，无论是欧美还是日本，都会出现一些很有预见性的创新，这些案例正是第 2 章介绍的"前沿案例"。我们对这些案例进行密切观察，能够给今后的计划提供重要的借鉴。因为这种前沿案例最早也是从无到有，从非同寻常到比比皆是，而最早发觉并展开研究的人无疑会从中受益匪浅。

表 7-1 案例的类型

类型	定义	实例
前沿案例	将来有可能发展成为代表案例的案例	大型在线商品销售的兴起，比如乐天
代表案例	该领域内最具代表性的案例	作为综合购物商场的永旺和伊藤洋华堂
偏离案例	与该领域内基本类型不同的案例	垂直经营的服装专门店饰梦乐
原型案例	对该领域类型的创造起到直接推动作用的案例	三越百货

还有一种情形是出现偏离案例，它区别于大多数案例。偏离案例不同于前沿案例，它不像前沿案例那样会有很多追随者，而是永远属于异类（"黑天鹅"）。但是如果我们能够认真寻找偏离案例"偏离"的原因，说不定可以从中发现一些重要的因果机制和线索，最终也可能有助于提高自己。

比如想要开发新的经营模式，可以对单一案例进行分析。神户大学名誉教授田村正纪就以零售业为例做了详细说明。

无论是产品开发、顾客服务还是企业管理，都需要对各种案例进行对比考察。对前沿案例的考察有助于我们发现一些修正当前经营理念的观点，而对偏离案例的观察则能帮助我们获得打破常识的启示，对代表案例和原型案例的考察则会加深我们对该领域的理解。

精心设计的调查有助于检验假设的正确性

如前所述，统计学侧重的是对大数据样本的抽取和检验，而案例研究则是一种自然实验，在总结因果关系上，案例研究似乎比统计方法更具说服力。

自然实验重视对事件背景条件的控制，在此基础上对满足一定条件的案例进行检验，确定这些案例是否与预想的结果相符。因此，即使是被认为不可能的事情，也可以通过案例研究分析是哪些原因导致了不可能事件的发生。案例研究在因果逻辑上的优越性是统计方法无法比拟的。

读者可以回想一下第 1 章介绍的世界末日预言的例子。

这类现象被层层谜团环绕。在该案例中，由于信徒对预言笃信不移，再加上周围其他信徒都表现出类似的信任，从而导致了预言失灵后信徒反而更加虔诚的现象。对这类假说进行重复试验只需要找到满足上述两个条件的案例，然后加以验证即可。

反过来说，如果找不到完全满足上述两个条件的案例，从逻辑上来说可以对相反的结果进行预测和观察，即预言不正确导致信徒信念弱化，以及由此引发的退出行为，从逻辑上来说这也是相通的。因此，通过重复试验可以检验假说的正确性。

在相同状况下对"满足条件的案例"和"不满足条件的案例"进行比较十分重要。本书第 3 章介绍的案例研究探讨的就是对构想进行验证。

商务实践中类似的构思有助于企业运营。美国西北大学埃里克·安德森和麻省理工学院邓肯·史密斯特指出：

> 对于大多数企业而言，与其花费大量的时间和金钱进行数据分析，倒不如通过商业活动寻找样本，然后进行简单试验，这种方法更有利于改善企业的业绩。[1]

---

[1] Anderson, E. T., & Simester, D., 2011. A Step-by-Step Guide to Smart Business Experiments. *Harvard Business Review*, 89 (3): 98–105.

现场调查有助于发现隐藏的细节

俗话说"百闻不如一见",企业走出去的过程中十分需要对当地市场环境进行充分调查。日本服饰大亨优衣库在向海外进军时,往往会就商品开发等问题在当地街头进行调查。NHK特辑(2013年播出)曾对此做了介绍。

优衣库在商品开发上惯用的手法之一就是通过街头问卷做调查,在调查的基础上对一些常规休闲服加以修饰。比如,面向孟加拉国市场的服饰可能会在设计上增加一些伊斯兰风格的元素。因为在孟加拉国,走在大街上的女性大多身着民族服饰,所以相较于单纯意义上的休闲服,可能民族服装的销量会更高。这些都是通过街头问卷获得的重要信息,例如:

服装设计人员:这款服饰的设计以及尺寸如何?

女性A:尺寸正好合适。

服装设计人员:服装颜色如何?

女性A:适合夏天穿。

女性B:这款设计太完美了。

通过从这种街头调查中获取信息,主管人员相信将休闲服设计风格转向民族风十分重要,并且将它作为主打商品。但是,销售额并不理想,很多女性都会看看这些服饰,但购买的并不多。

在孟加拉国,男性穿休闲服是很常见的现象,但是女性外出一般都穿一种名为"纱丽"的民族服装。销售面向女性的休闲服，相当于要孟加拉国的女性开始一种新的生活习惯，实行起来似乎有点困难。这种生活习惯上的不同着实让优衣库烦恼。

可以看出，在实体店里实际的购买决定和街头调查结果存在偏差。一些孟加拉国的女性针对 NHK 的采访说道：

女性 C：喜欢欧美风格的女性可能会穿出去，我是不会穿出去的。

女性 D：在外国的话可能觉得挺正常的，但是在这个国家恐怕不行。

在此之前，无论是在发达国家还是在发展中国家，这类街头调查都能奏效，但是这次却失败了。因为在孟加拉国，不是要把民族元素的东西放在休闲服饰上，而是要把休闲元素的东西放在民族服饰上。实际上，当地一些服装公司基于该意识开发产品并获得了成功。

本书第 4 章提到的冈田学先生也有过类似的感触。他指出，向普通消费者询问试用品效果如何时，很多人都留下"挺好的""肯定会买"之类的回答，实际上这并不意味着他们会买这一款产品。回答问题是一回事，购买是另一回事，消费者生活的环境、习惯、收入等各方面因素也是不得不考虑的问题。

　　为此，优衣库的服饰开发人员尝试接近孟加拉国女性的私人空间，进行深入的调查咨询。他们对各年龄层的女性进行了比较详细的调查，还研究了她们的衣柜，对这些女性的衣服类型进行了逐一确认。

　　一位 17 岁的女性这样说道："正装的话恐怕就是纱丽了，我虽然才 17 岁，但是最喜欢纱丽。"

　　将调查对象扩大到 20 ~ 30 岁的女性群体，服饰开发人员发现她们的服饰还是以民族服饰为主。到这些女性家中进行调查，服装设计人员才有机会向这些女性了解一些她们对服饰的真正需求。

　　　　服装设计人员：您不想穿休闲一点的衣服外出吗？

　　　　女性 E：小的时候穿休闲服出去十分正常。但是随着年龄的增长，责任感也在增长，也是时候穿民族服装了。

　　这样，优衣库的服装设计人员终于了解了孟加拉国女性的真实想法。在调查中发现，10 个人的衣柜里只有 1 位有休闲服。

　　优衣库随即改变营销策略，将这些服饰全部作为家居服饰销售，并且与其他款式搭售。就将来的服装设计风格而言，优衣库也指出将遵循孟加拉国女性的生活习惯，设计民族服装进行销售。这可以说是从"反常"的销售数据上获取的重要启示，当然同时也是在销售现场这一情境中获取的重要信息。

运用比较分析方法，提高假说的准确性

我本人十分尊敬的一位风险投资家曾说过，判断一个企业家成功与否有一个最基本的标准。我问他具体为何，他说："一旦发生意外情况，是否找借口。"

这位风险投资家不仅提供资金支持，还提供各种建议。他在回顾以往投资成功的企业家时发现，这些企业家有一个共同之处：出现问题时，从来不把责任推卸给他人，而是自己承担责任，并且寻找好的对策。

就案例研究的视角而言，这位风险投资家的言行可以导入第 5 章中介绍的"求同法"进行分析，具体分析顺序如下：

- 罗列自己支持过的成功企业家。
- 寻找这些成功企业家具备的特质。
- 将这些特质（不找借口）视为成功的必要条件。

要想在短期间内判断一位企业家的素养，这一基准可能最有效，该投资家说道。

当然，他本人也知道这一基准并不是绝对保证。也就是说，不能因为成功的人不为自己的失败找借口，就因此断定只要是不找借口的人就会成功。虽然满足了必要条件，但是这一特质不是成功的充分条件。因此，具备"不找借口"这一特质的人并不一定会成功。该投资家也充分认识到这一基准的不完整性。

要确认具备这一特质的企业家是否必然会成功，可以直接从反面论证。

- 罗列具备"不找借口"这一特质的企业家。
- 调查具备这一特质的企业家是否在事业上取得成功。
- 如果这些企业家无一例外均成功的话，那么可以说"不找借口"这一特质是成功的充分条件。

恐怕无论调查多少案例，也不能证明所有"不找借口"的企业家都是成功人士。该投资家本人也对此有充分的认知，即该特质不过是一个必要条件，只能作为判断基准之一。

因此在研究中，重要的是理解比较分析的限度，并在此基础上根据实际需要进行补充，在追加分析中增加参考变量。

追踪调查对象，明确其因果机制

我们经常听闻统计学手法可以检验原因和结果的相关性。我们也常常通过统计调查提出因果关系的假设，并通过统计学手法检验数据的重要性（significance）。因此，有很多人会认为统计学分析才是解开因果关系的最恰当手法。

但是学者们都知道并非如此。一般来说，统计调查可以揭示一个变量与另一个变量间的相互关系，却不会告诉我们为何会产生这种相互关系。

因此，要想探寻因果机制，我们必须对因与果衔接的过程进行追踪。越是被认为不太可能存在的因果关系在追踪调查中得到验证，越能给学术界以及社会带来冲击。

例如第 1 章中介绍的棉花糖实验，调查人员在 12 年后对当年参加实验的小朋友进行追踪调查后发现，那些能控制自己不吃棉花糖的小朋友学力水平测试的得分明显较高。这就是一桩十分意外的事实。[①]

促成这项追踪调查的契机是当年参与实验的米歇尔（该文作者之一）的女儿。米歇尔的女儿和那些参加实验的小朋友在同一个幼儿园上学，跟许多参加实验的小朋友在同一个班级，米歇尔因此有机会密切关注这些小朋友的校园生活以及成长过程。米歇尔博士一有机会就会了解这些小朋友的情况，并且通过自己的女儿进行过程追踪。这些小朋友长到 10 来岁之后，米歇尔开始思考小朋友的自控能力对成功会带来怎样的影响。

米歇尔对这些小朋友的父母以及班主任就小朋友的日常生活进行了比较详细的问卷调查。参加实验的小朋友有 600 人，追踪调查是一项巨大工程。调查结果显示，那些在一分钟之内就把棉花糖全部吃完的小朋友在日后的校园生活中多是问题儿童，特别容易因为一点小事就发脾气。米歇尔据此认为"具备克制欲望和情绪"的能力十分重要。另外，最初的实验过去 40 年后，又有学者对当时参加棉花糖实验的其中 60 人做了追加实验，这次他们使用监测装置对他们的脑部功能进行检

① Mischel, W., Ebbesen, E. B., & Antonette R. Z., 1972. Cognitive and Attentional Mechanisms in Delay of Gratification. *Journal of Personality and Social Psychology 21* (2): 204–218.

验。① 在这次实验中，那些童年时期忍不住吃掉棉花糖的人在受到感情/情绪刺激的时候很难抑制冲动，这跟棉花糖实验中观察到的结果几乎一致，可见这种负面作用是终生持续的。

米歇尔的研究没有进行长期的过程追踪，因此就因果关系而言还可以提出一些反论。即使如此，米歇尔博士的研究还是以对案例的追踪为契机，外加研究调查以及实验调查等程序，最终巩固了自己假说的正确性。

可以舍弃的部分

接下来要讨论的是那些可以舍弃的部分，在探讨这部分内容时，笔者将兼论学术与实务之间的区别。就案例研究而言，学术、实务在使命和研究前提都有所不同。因此，商务人士完全忠于学术研究的范式进行案例研究总会有些违和感。如果真的以学术研究的高标准来展开实务调查，恐怕会让自己筋疲力尽。

重要的是去掉那些多余的学术部分，留下学术中那些能够充分应用到实务领域的部分，并在此基础上探究具有实践意义的案例研究方法。实务研究有一些是需要简化（或者说不得不简化）的要点，同时实务研究本身还有一些特色值得特别留意

① Casey, B. J., et al. 2011. Behavioral and neural correlates of delay of gratification 40 years later. *PNAS Early Education*：1–6.（http：www.pnas.org/content/early/2011/08/19/1108561108.full.pdf）

（参见图 7-1）。

在知道有哪些内容需要舍弃之前，我们最好先知道学术研究和实务应用的区别在哪里。

探求真理还是判断材料

就案例研究而言，学术研究人员和实干家的目的是不同的。在学术世界中，研究是为了检验假说。与此相对，在实务世界中，即使通过调查发现了所谓的不可能发生的事件，最终目的是要在实践中检验假说。说得极端一些，就是"不尝试的话就不可能弄明白"。经营管理理论的权威理查德·鲁梅尔特曾经指出：

所谓新战略，用科学的语言表述就是"假说"。而对

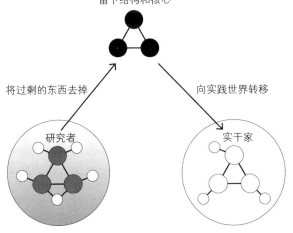

图 7-1 在实务世界中的应用

"假说"的检验就是所谓的"实验"。当实验结果明确以后，有能力的经营者会从中学到哪些方案可以顺利推进，哪些会遇到障碍，最终修正既定的战略部署。[①]

虽然都是案例研究，但是学术和实务在基本的设计构想上存在较大差别（参见表7-2）。学术研究的使命是探究真理，发表论文是其中的一个重要目标，但是就实务领域而言，最重要的目标是通过实践来提高企业效率或者收益。

表7-2　学术和实务在案例研究上的不同

	学术世界	实务世界
使命和基本前提	追求更正确的真实。在学术世界中有新发现。	提供及时的判断材料。对本公司而言，有新发现以及好的解决方案。
调查的周期及数据的获取	即使花费较多的时间，也要获取更精确的结论。以中立的立场获取数据。	基本接近假说的结论即可，速度最重要。以特定的立场获取数据。
调查体制	学术共同体的积累是前提。采用学术界的共同语言。	公司内部的积累虽然重要，但也重视个人的发现。一些有战略性的课题可以由个人承担
知识的普适性和应用性	普适化趋向较为明显。具有广泛适用性和解释力很重要。即使解释得较为抽象，也不要紧。	普适性有限。极端来说，即使只适用于本公司，也不要紧。最好有更具体和明确的解释说明。

追求正确还是追求速度

学术世界追求真正的真理以及创新，而在实务世界中，人

[①]　理查德·鲁梅尔特著，蒋宗强译：《好战略，坏战略》，北京：中信出版社，2012年。——译者注

们更重视发现公司的问题以及寻找解决问题的方法。这种不同
会导致两者的目标和方法迥异。

就学术研究而言，重要的不是速度而是正确性，研究人员
不能凭借不可靠的证据大肆宣扬自己发现了真相，这不是学术
论文写作应有的态度。为此，必须花更多的时间寻找证据、巩
固理论。

与之相对，在实务领域不能一味地追求正确性而忽略了时
间。如果不能应用到实践中，一切都是徒劳，而且花费大量时
间找到的所谓不可能事件的真相，也会因为错过了应用时机而
变得毫无意义。

实践中经常伴随各种风险。有时为了不浪费重要的时机，
需要冒点风险。要是因耗费过多时间而最终错过时机，努力
也就白费了。

以下是美国国家航空航天局（NASA）最初开发月球探测
器时的案例。研究人员在开发探测器时并不知道月球表面情
况。如果月球表面的尘土过多，探测器势必会被埋没，又或者
被卡在岩石缝中无法行动，还可能被尖锐的结晶体破坏性能。

通常在这种情况下技术人员是无法持续进行开发活动的，
他们不知道实际运用中会遇到何种风险，也不知道具体的对策
如何。

NASA 的研究所负责人菲利斯·布瓦尔达提出了"舍弃"
的构想。她指出，探测器在月球上的着陆点应该是像"美国西
南部的沙漠那样的位置"，也就是说"相对比较硬的地表，倾

斜度在 15 度以下，有一些小的乱石，但没有 60 厘米以上的岩石"。没有任何人能够确证她的这一主张，她具体解释道："地球上大多数较平坦的地方都是这种感觉，月球上只要是稍微离山脉远一些的地方，极有可能与此类似。"[1]

作为 NASA 工程师的鲁梅尔特回顾称，这种想法确实很有智慧。如果想尽各种可能性并一一调查分析，设计就会停滞不前。

无论何种组织，过度追求正确性，最终只会作茧自缚。毕竟有些时候适当的舍弃还是有必要的。理想的模式是在保证效率的同时还能降低风险，在此基础上重视实践的积累以及不断提高假说的精确度。

共同积累还是个人成就

学术和实务的第三个区别在于表达方式和做法不同。读者朋友在阅读学术著作的时候或许会疑惑，为什么会有那么多生僻的表达方式呢？

为什么学者不选择更简单易懂的表达方式，而是用一些晦涩的词汇呢？这是在故作高深吗？又或者是学者本身欠缺说明和概括的能力？

当然也不是说没有这方面的原因，但是还有更重要的理由。学术研究的使命是发现和探究真理。探究真理不是一个人

---

[1]　Rumelt, Ibid.

就能够独立完成的，寻找不可能事件的真相的过程中凝聚着众多学者共同合作的心血，个人在其中所起的作用微乎其微。只有不同时代的学者组成的学术共同体不懈努力，才有可能发现真理。

这些跨越时间和空间的学者肩负着相同的使命，他们必须使用相对统一的表达方式（语言）来进行学术研究。如果一个国家的学者将一个概念定义为 A，而在另一个国家和地区同类概念被定义为 B，随着时代变迁，这个概念转而又被定义为 C，势必会造成研究上的障碍。对于学术研究而言，一套能够超越时间和空间的通用概念是最有助益的。将白天鹅定义为"白天鹅"，必须先理解其特征，专业术语在定义上必须是相通的，这样一来概念才具有超越时间和空间的能力，能让来自不同时代不同地区的研究者都能在相同定义的前提下分享信息，从而促进研究成果的积累和进步。

新发现建立在积累的基础之上。实际上，当意识到新的发现并且想要将其表现出来时，必须使用已经确定的概念和通用的语言进行说明，否则就不能断定该发现是新还是旧。或者反过来说，如果所有的东西都是新发现，我们将难以判断什么是新东西了。所谓新的东西，是指与以往的"不同之处"。要测定和说明这种"不同之处"，就必须使用学界通用的表述进行解释。

另外，要想让学术共同体内的同仁认可你的发现，必须通过正当的程序进行调查，否则也有可能不被认可。就学术界的做法而言，首先要采用正确的推论方法，其次要让同仁们认可其适当性。也就是说，基于相同的数据进行分析，即使是不同的人必然会得到相同的结果。

学术共同体同时也是一个竞争性的集团。自我认可没有说服力，必须获得学术界的广泛认可。因此必须使用既有的语言词汇，并采用惯常的方法让学界同仁信服并认可你的研究成果。

但是，实干家没有这些顾虑，大可不必遵循上述做法。另外，在调查中追求新发现也不是实干家的目的。他们的目的是在调查的基础上展开实践并从中获取利益。

因此，即使新发现是别人的也无所谓，对于实干家而言，这都不是最重要的。"对自己而言的发现"以及"用自己的语言来理解"十分重要。案例的调查研究只需要找到对于公司而言有用的真相即可。当事者不论是因缘巧合还是偶然撞上，只要能够检验新的假说就已经足够，并不需要获得权威的认可，也没有责任向其他人解释说明。只要这类发现在实践中能够提供重要价值并且被顾客或交易方接受，就是最大的成功。

一般化的抽象命题还是具体指针

第四个区别在于对"一般化"的理解。在学术研究中，即使只选择一个命题，只要能广泛适用，就是极有价值的。

在实务世界里，最好能够有具体的政策方针对具体的事项进行分析，并且即使研究的范围有限，如果对自己有益，就具备研究的意义。

例如，我们来思考"打招呼问候很重要"这一日常生活中的命题。这一点恐怕在任何地区任何社会都适用吧。不光是人，动物也会通过"问候"来表明自己没有敌意，从而达到交流的目的。

但是，具体说来，什么样的问候语有效果因地区而异。并且，场合以及问候的亲切程度也会产生影响。不能认为"只要打招呼问候就可以了"，这种想法在实践中没有任何助益。问候时是握手、鞠躬还是打手势，必须结合具体场合以及对方的传统等综合考虑。

非洲中东部地区有向对方手上吐唾沫以示问候的风俗。因为当地人认为唾沫具有除魔的功效，通过这种问候可以给对方带来好运。但是，如果是在欧美或者日本，采取这种问候方式估计会让整个局面变得糟糕吧。

因此，在特定条件下行得通的一些命题，在其他条件下可能就不能成立。

相较于学术研究中在一定条件下成立的命题，那些能够在普遍条件下成立的命题明显具有更高的价值。但是，在普遍条件下成立的命题往往因为过于普遍化，很多人都认为是理所当然。比如"打招呼问候很重要"这一普遍性命题，就是这样的例子。

出于这种考虑，在学术世界中，有必要承认在限定条件下成立的命题的存在意义和价值，这被称为"有限定的一般化"

或者"有条件的一般化"。

在政治学、行政学等应用研究领域，有学者认为较之抽象的命题，那些有限定的一般化命题更有应用价值。亚历山大·乔治和安东尼·本内特在他们的著作中指出："如果该理论不能够满足一定的条件，那么在寻找具体的政策启示和线索时就无法获得具体的指针。"①

但是问题来了，所谓限定条件需要多少才最有效呢？

在一定条件下成立的命题，如果条件限定得过于狭窄，命题就会具有局限性。比如"当今时代""自己的国家和地区""自己的公司或组织""自己的部门和团队"等。上述范围内成立的命题不胜枚举，但是它们作为科学研究并没有太大的意义。

然而，对于实干家而言，这样的命题却更有价值。因为适用范围越狭窄，政策内容就会越具体，更具有可行性。

对于通过实践创造价值的实干家来说，具体的场合下最有效的行为方式以及与之相关的判断材料是非常重要的，也就是说，限定条件下的具体指针对于实干家来说可能更有效用。

公文教育

最后，关于本章所述的"保留"和"舍弃"如何在具体企

---

① Alexander L. George, A. L. & Bennett A., 2005. *Case Studies and Theory Development in the Social Sciences*. The MIT Press.

业组织中的运用，笔者将以"公文教育研究会"（KUMON）为例进行介绍。

比起一般补习班重视在授课中学习知识的教育方式，公文教育更看重学生的自主学习能力。公文教育本着从孩子那里学习的姿态，大量活用具体的案例研究。一对一的指导方式本身就是很好的案例，所以对公文教育而言，授课指导既是教育也是研究。

公文教育重视对教育现场的解读，这类案例研究也是公文教育的特色之一。公文教育的教育开发负责人，一有时间就会去他们感兴趣的辅导老师的教育现场进行观察，并对具体的案例逐一进行分析。多数指导老师都有数年的经验积累，所以公文教育也积累了相当数量的案例。

如果现场直接观察比较困难，他们会利用录像进行观察。毕竟，无法进行直接观察现场的情况不在少数。

在利用录像进行观察的辅导活动中，有一种被称为"小组讨论活动"。他们把同在一个教室内学习的学生小组视为一个案例。

翻动答题纸的声音以及铅笔的沙沙声通过屏幕传来，学生们答题时的姿态一目了然。你会发现一直唰唰写字的铅笔会突然停下，原来是答错了，学生经过思考后用橡皮擦掉，接着答题，写出正确的答案。这都是画面传递的信息。

该小组的辅导老师目不转睛地盯着画面，注视着学生们的一举一动，并且在适当的时候给出评价。当学生们答题错误的时候，有的辅导老师会说，"哎，这题遇到瓶颈了"，"如果是我的话，我会给他们一些提示"等。公文教育的协调员会通过这种方式加强辅导老师和学生间的互动，并改善课程辅导的体制。

公文教育动用全公司的力量重视研究方法的改善。例如，公文教育内部有一个名为"自主研究会"的组织，这是一个旨在挖掘公文教育特色研究方法而由各教室辅导老师自主命题并进行研究的组织。自主研究的成果会在一年一度的"辅导老师研究大会"上公开，其中好的方法会在全国范围内推广应用。自主研究会其实就相当于学术界中的"研讨会"，而辅导老师研究大会则相当于学术界中的全国性学术年会。参加研究大会的老师在认真程度和讨论激烈程度上丝毫不亚于一些社会科学领域的学术年会。笔者本人有幸旁听了他们的年会，真的是满场 300 人的大型研讨会，座无虚席。

小组讨论也很热烈，在主席台上坐着有资历的辅导老师，但是如果台下的老师提问了一个比较偏颇或者比较特殊的问题，这位资深的辅导老师也不好回答的时候，他会说"这样的案例我没有经历过"，"台下有哪位老师有这样的经历，不妨说说你们的观点和看法"等，很坦率地进行回答。

这时，台下大约有十几名指导老师相继举手，依次介绍他们经历的案例。

笔者和指导的研究生看到这个场景，兴奋地对公文教育的职员说："这种方式太了不起了！"而该职员则回答说："这种事情在我们这里比较常见，不足为奇。"虽然不是每次都有，但也不至于稀奇。

还有一个让我感到惊讶的事情，辅导老师研究大会由来自全国各地（包括海外）的指导老师分成 5 ~ 6 人的小组进行讨论。他们彼此都是第一次照面，但都很快就进入讨论的状态，仿佛没有任何隔阂。这种现象在社会科学的相关学会中恐怕不太可能出现。他们的讨论并不介意议题是否过于肤浅或者过于抽象，而是将实践中遇到的问题提出来，然后大家一起讨论出一个合理的解决方案。

例如，其中一位刚刚开课不久的年轻教员提出"我带的学生在 D106 教材中遇到瓶颈了"，然后就有其他指导老师说，"那里的算数问题不做一些简单的笔记的话，不太好算"等，然后其他老师也相继发言，指出怎么做能够改善这类问题。据公文教育总部人员的介绍，这种事情在公文教育乃是家常便饭，十分正常。

共同体的共同语言

公文教育作为一个企业共同体而言，他们之所以能够在研究上脱离纯学术研究（学会）的范式，是因为他们自己内部有着一套共同的价值观、共同的目的以及共同的语言。

这其中特别值得一提的是，他们有共同语言为基础的教材。公文教育在教材的理解和使用方法上有他们自己的一套理念。

公文教育的教科书为了让孩子们自主学习，可以说着实下了一番功夫。例如在数学这门课上，总共设计了从 6A 到 V 共 28 个阶段的课程（2014 年）。每个阶段大约有 200 多套教材可供使用，基本上实现了标准化操作。正是因为辅导老师对这套教材体系都有充分的理解和认识，所以刚才那位年轻教员提到"D106 教材"时，很多其他辅导老师就能够在脑海里浮现教材的内容以及具体的使用实例等。

在社会科学领域的学术共同体中，我们也可以看到上述情况。由于专门名词是统一的，所以只要是相同的研究领域，即使是初次见面，也可以立即展开讨论。但是公文教育的案例显然有超过社会科学学会水准的地方。很多社会科学领域的学术共同体，特别是经济领域，由于具体的研究领域十分细化，研究者所能涉猎的范围十分有限，所谓的"概念"也因学派不同而有出入。在这种场合下的讨论，各自对概念的界定和认识极有可能是分散的。

为了避免出现上述矛盾现象，统一表述和定义，采用公认的调查方法显得十分重要。公文教育积累了 50 年的经验，最终实现了这类表述和方法上的统一。

笔者对公文教育的职员以及辅导老师进行采访时，他们经常对我说"表达方式太特殊，十分抱歉"，在我看来这绝不是坏事情，反而是十分了不起的行为。

这里有几个原因值得说明。

第一，这类内部用语是在实践中发展出来的语言。有了共同语言，实践就可以随即确认理念，并且帮助教员真正理解理念的具体用意。

第二，内部用语是成员耳熟能详的语言，使用这种统一的内部用语不会造成意思理解上的障碍和偏差，也能节省表述不清造成的时间浪费。即使历经很长的时间，这类表述依然具有生命力，并且有助于教员正确理解实践中的行为。

第三，在第一和第二个原因的基础之上，这类内部用语的统一也对将来成员的自我实践具有积极作用。

就笔者个人印象而言，当今社会的多数公司大多使用流行用语，但是真正的伟大企业往往不忘初衷，能够确保用语的一贯性，并在实践中将这类独特用语展示出来。

笔者认为没有必要将外部学术研究中使用的热门词汇引入公司内部。当然，外部的一些好的观点仍有吸取的必要，这时最好先理解外部的观点，同时在实践的过程中将其变成自己的语言。

哲学家迈克尔·波兰尼曾说过，"人类所知道的必然超过语言所能够表达的"。公文教育的研究活动，正是将那些对现状无法表达的隐性知识以集体讨论的形式展现出来。

后　记

本书的写作得益于笔者供职的早稻田大学的"特别研究期间制度"。多亏了早稻田大学商学院诸位老师给我机会，让我能够在美国宾夕法尼亚大学担任了两年高级研究员。在美期间的经历、讨论以及感想促成了我写下此书。

日本的案例研究和美国的案例研究有很大不同

说来惭愧，我在日本居住时由于身边多为日本研究者，选读美国管理学会论文时没怎么注意过这种不同。虽然隐约地觉察到了不同，但是当时没有弄懂。然而不可思议的是，在美国阅读论文时，尽管所读的还是同一篇论文，我却发现了不同的侧面。

极端地说，美国管理学会中的代表性研究给人一种更加纯粹地把管理学当作科学来研究的印象。

虽然程度有所不同，但是日本的案例研究存在一种风潮，即把所研究的企业的名称摆出来，以达到吸引读者的目的。案例被当成故事，让人感到非常生动（美国《哈佛商业评论》以实干家为主要读者，其案例研究也是这种类型）。

　　另一方面，AOM 的案例研究关注的是现象本身的趣味性。论文中提到的企业名称均为化名。他们不在乎企业的地位头衔，而是着眼于现象的有趣程度。而且，他们把案例作为构筑理论的一种手段，非常单纯地去探究案例到底能推导出怎样的理论启示。于是，一个个案例被当作样本来对待，有时会给人一种无机质的印象。特别是在复数案例的比较分析中，一个个案例都被当作"实验"对待。

　　然而，可能正是这个缘故，隐藏在脉络中的因果关系才凸显出来。AOM 的案例研究相当系统。特别是进入 21 世纪以来，已经定型为案例研究的基础范式。

　　笔者强烈感到，日本的学会不应该只有《哈佛商业评论》这一类的案例研究，还必须朝着 AOM 学术型案例研究的方向前进。

　　其中一个原因是，要想在世界范围内发声，有必要按照世界通用的标准研究方法来搞研究。这一点无须赘言。

　　另一个原因在于，AOM 类型的案例研究能在商业实务中起到作用。如果假说的设定不是源于单纯的主观认识或深信，而是系统地按照一定顺序推导出来，那么这类假说在实务中同样能够发挥作用。

　　从这个角度纵览商业实务，我们发现，优秀的商业实干家牢牢掌握着案例研究的方法，即使实干家自己没意识到。

　　有水平的实干家往往有着自己独特的"工作风格"。尽管并非所有实干家都意识到这一点，但也有不少实干家把自己的工作风格出版成书，公之于众。

工作风格包含方方面面，从心得、范式等精神层面的东西，到调查方法、商业实务等较为实用的知识，都包括在内。

卓越的实践家使用的调查方法存在着与学术方法相通的地方。冈田学的风格正是第5章介绍的"求同法"。这种说法或许有些想当然，然而正是由于习得了好方法，才在工作中收获了更多的成果。

不少企业都在组织中推广这种方法类的"固有主张"。例如最后一章介绍的公文教育就是其中之一。该公司有着共同的基本理念，把标准化的教材作为共同语言。正因如此，公司全体才能凝聚在一起，以"从孩子那里学习"的姿态致力于案例研究。

实践理论

不知道大家是否听说过实践理论。所谓实践理论，简而言之，是"实践者的言论所拼缀成的实践理论"。譬如在管理界，实践理论关乎管理者以什么为前提（假定），按照何种理论来思考（命题）。实践理论就是管理者用于统一说明事物及预测未来的系统实践知识。

要想理解管理现象、构筑管理学理论，同样有必要理解实干家的这种思考。例如，创立大和运输公司宅急便项目的小仓昌南，在其著作《小仓昌南经营学》中逻辑清晰并系统地介绍了自己的实践理论。他在管理上的固有主张在某些地方与管理学学术理论相通，并且该书具有丰富的表现力，有实际成果为证，因而蕴含着众多启示。

其实，查一下科学管理之父弗雷德里克·温斯洛·泰勒和系统组织理论巨匠切斯特·巴纳德的人生履历就会发现，他们以前也是实干家。他们从实践中提炼出的理论可以说已经成为经营管理理论的经典。可见，理论并非专属于科学研究者，实干家也有实干家的理论。

在日本，较早注意到这一点的是神户大学名誉教授加护野忠男。在其著作《组织认识论》中有如下段落：

> 亨利·福特、安德鲁·卡内基、阿尔弗雷德·斯隆、恩斯特·卡尔·阿贝、松下幸之助等伟大企业家、管理者的思想和理论常被管理学研究者提及，而他们都是实干家。然而，管理学研究者最多只关注这些成功人士的成果及相关事物，很少有人把他们的主张提炼为理论。他们的理论及思想仅仅作为管理史、经济史的一个镜头被提及。
>
> 按照自己的理论来管理企业的人并不仅限于这些伟大的企业家。许多默默无名的企业家和管理者也同样以自己的理论为依据进行管理，并在实际的管理过程中形成了自己的"管理学"。如今在我们周围，那些现实中运转着组织的人们，有着各自独特的管理学。他们的管理理论非常丰富，并且伴随着时代的变化而变化。

实践理论是指不使用学术用语，采用日常生活中的语言来表达命题的诸体系。通常情况下，由于实践理论是从经验中推导得出并用于实践的理论，虽然适用于自己的世界，但是不见得同样适用于其他世界。在普遍性方面，实践理论比不上学术理论。然而，实践理论是在经营管理的前沿阵地中产生的，能给新的学术理论提供启示。

任何实干家和组织都是按照自己的调查方法，找到自己的命题，然后在实践中验证。如果命题出现错误，就在下一次调查时进行修正。他们总会发现一些打破业界常识和主流观点的东西，开发划时代的产品，创立划时代的事业。

个人及组织到底应该在调查方面具备怎样的实践理论？让读者深入思考这一问题正是本书的目的。如今，在商业中大显身手的实干家愿意为我们提供一个契机，让我们重新思考以前未曾重视的调查方法。他们希望那些担负着经济未来的年轻人能够习得一种研究方法，懂得如何推导打破常规的假说。

案例研究是一种灵活的调查方法，不仅适用于学术研究，而且适用于现实世界。笔者认为，能在实践中发现意想不到的真相，是非常宝贵的经验。这种经验能让自己产生新的创意，并且可以形成更好的实践理论，用于调查。希望读者在阅读完本书后，能体悟到调查设计、学术研究的意义，并进一步形成自身的实践理论。

致　谢

本书的写作得到了许多人的支持与合作。

宾夕法尼亚大学沃顿商学院教授基滕德拉·辛格给予了我温暖的鼓励。当时我带着全家旅居美国，遇到的困难远超想象，基滕德拉·辛格教授包容了研究迟迟未能获得进展的我。沃顿商学院的知名教授尼可拉·西格科则向我强调了案例研究的重要性。并且，以翻译出版俄亥俄州立大学石家安教授的大作《模仿者》为契机，我获得了开展案例研究的机会。

我还曾向那些在海外工作的日本研究者们咨询海外学会的详细事宜。例如，纽约州立大学副教授入山章荣曾详细地告诉我美国学会的相关信息。入山教授帮忙阅读了部分书稿，给予了极具启发性的建议。在亚特兰大的战略管理学会，我遇到了在康涅狄格大学取得博士学位的山野井顺。关于本书的基本想法，山野博士的评价让我勇气倍增。于英国剑桥大学取得博士学位的稻叶佑之在百忙之中帮忙阅读了书稿，从学术的角度提供了有益的建议。

此外，研究固有主张的方法论并取得成就的谷地弘安在读过书稿后，指出了我未曾注意到的问题。

本书在有些地方未能按照各位学者的意见修改，不过那些意见会在我今后的研究与写作中发挥作用。

商业银行集团董事长滨口隆则曾问我"到底打算把什么样的信息传达给读者",这个问题让我得以整理自己的思路。

早稻田大学研究生院商学研究科的研究生们也为本书的策划和内容提供了有益的建议。身在费城的我和东京的研究生们用 Skype 连接通话,召开"案例研究研究会",轮流阅读主要学会的最优秀论文奖获奖作品,以及被广泛引用的研究论文。研究会的成员永山晋(井上达彦研究室)、伊藤泰生(坂野友昭研究室)、小泽和彦(藤田城研究室)、佐佐木博之(坂野友昭研究室)都与我展开了热烈的讨论。

日经 BP 社的长崎隆司先生肯定了"最优秀论文奖"的价值,从写作理念的设计到本书的出版,一直以敏锐的视角为本书提供建议。

在此,提到大家的名字以表达感谢之情。

最后,我在国外埋头做研究时,家人一直表示支持,在此也向家人表示感谢。

井上达彦

出版后记

在欧洲人发现黑天鹅之前，他们认为天鹅都是白色的，"黑天鹅"曾经是他们用来指代不可能发生的事物的常用语。于是，纳西姆·尼古拉斯·塔勒布用"黑天鹅"来表示那些不可预测的重大随机事件。它们在日常生活中被人们忽略，被数据统计舍弃，是偏离值，是小概率事件，但每一次"黑天鹅"的降临无不伴随着巨大的损失和追悔莫及。

本书正是围绕如何发现"黑天鹅"来展开的。作者的目的，一是发掘不可能中的可能性，探索未知领域；二是普及不为大众所知的知识，让普通民众认识"黑天鹅"。书中所有案例都取自刊载于《美国管理学会学报》的论文，并且这些论文均获得了最优秀论文奖这一管理学界的"奥斯卡"奖。但是，作者避开了太过专业的术语，用通俗易懂的语言向普通读者展示了这些经典研究案例的研究方法，介绍了前沿的"寻找黑天鹅"研究，让读者除了体验到研究内容的有趣之处外，也学习到能够应用于日常实践的研究方法。这种方法不需要罗列复杂的公式、搜集大量的数据来进行解答，只需要了解案例研究的研究方法，就可以应用于实践中。

虽然如今大数据研究风头正劲，但是黑天鹅事件却无法用大数据来进行观察。因为它能被观察到的案例极少，往往能被观察到的时候就已经产生了非常严重的后果。于是，人们只能通过对个别研究对象进行研究，这就需要运用案例研究的方法。这一研究方法具备三种能力：（1）活跃人类大脑的能力；（2）应对复杂局面的能力；（3）形成"类比基础"，开拓未来的能力。即使前例很少，也能推导出有效的假说，并能够打破一般论调，找到"黑天鹅"的存在。

有些"黑天鹅"的产生是单纯基于不确定性与随机性，它们无法预测；还有些"黑天鹅"的存在是源于人类的无知。所以，时刻提醒自己一切皆有可能，才能做好万全的准备。

服务热线：133-6631-2326　188-1142-1266

服务信箱：reader@hinabook.com

2021 年 7 月

图书在版编目（ＣＩＰ）数据

复盘的技术 /（日）井上达彦著；王广涛，宋晓煜译 . -- 北京：中国友谊出版公司，2022.2

ISBN 978-7-5057-5318-1

Ⅰ.①复… Ⅱ.①井… ②王… ③宋… Ⅲ.①管理学－通俗读物 Ⅳ.① C93-49

中国版本图书馆 CIP 数据核字 (2021) 第 181229 号

著作权合同登记号　图字：01-2021-5831

BLACK SWAN NO KEIEIGAKU written by Tatsuhiko INOUE.
Copyright © 2014 by Tatsuhiko INOUE.
All rights reserved.
Originally published in Japan by Nikkei Business Publications, Inc.
Simplified Chinese translation rights arranged with Nikkei Business Publications, Inc.
through Bardon Chinese Media Agency, Taipei. Simplified Chinese edition published by
POST WAVE PUBLISHING CONSULTING, Beijing, Co., Ltd.

本书中文简体版权归属于银杏树下（北京）图书有限责任公司

书名	复盘的技术
作者	[日]井上达彦
译者	王广涛　宋晓煜
出版	中国友谊出版公司
发行	中国友谊出版公司
经销	新华书店
印刷	北京天宇万达印刷有限公司
规格	889×1194 毫米　32 开
	7.5 印张　144 千字
版次	2022 年 2 月第 1 版
印次	2022 年 2 月第 1 次印刷
书号	ISBN 978-7-5057-5318-1
定价	52.00 元
地址	北京市朝阳区西坝河南里 17 号楼
邮编	100028
电话	（010）64678009